カナヅチが平泳ぎオリンピアンになるまで

潜水泳法開発から世界記録達成の軌跡

オリンピアン
平泳ぎ世界記録達成
田中守

推薦の言葉

田中さんとは2007年二月『スイミングマガジン』「往年の名スイマーに聞く」という企画の取材を通じてお会いいたしました。

田中さんは現代のオリンピアンとは全く違う練習環境の中で、見事な成功を収め、興味深いスポーツ人生を歩まれて来られました。

この度、ご自身のスポーツ人生を一冊にまとめられました。

時代を超えたスポーツへの思い、水泳への愛。

水泳人はもとより、一般の方にも是非一度手に取ってみてほしいと願っております。

鈴木大地
初代スポーツ庁長官
公益財団法人日本水泳連盟会長
日本オリンピアンズ協会会長

はじめに

私は文中にも触れますが、四歳と一ケ月で父を亡くし、姉、兄、私の三人は、母の手ひとつで育てられました。母の努力は大変なもので、他の母親の三倍位の苦労を掛けていると思います。

私はこの偉大な母を子孫に伝えたいと早くから思っていました。

昭和四十八年ＮＨＫ朝の連続ドラマで「おしん」が放映されていましたが、これを機会に「母を語る」を作りました。

これに刺激されてか本稿は私の子孫に対し、このような人物がいたと云うことを残しておこうと思い、鹿島ケミカルに出向当時（昭和四十七〜五十一年）にノートに書き留めたものです。

定年後に纏めたいと思っていましたが、平成五〜六年頃ワープロの必要に迫られ、暇をみては練習している間に活字となったものです。

その後一部の方に拙文を披露しましたが、是非本にするよう薦められましたが、躊躇していました。

最近「彩の国いきがい大学」に入学し、級友より自分史を作ることを薦められ既に自分の中では持っていることを披露すると、是非協力するからと云うことで踏み切ることになりました。

特に棚沢敏次さんと新井十四修さんには、多大なご尽力を頂き、感謝の言葉もありません。

文字や文章面で多分に不備な点がありますが、内容はありのままの真実を書いた積もりです。

ご一読いただければ幸甚です。

目次

一　生い立ち

昭和八年二月十日（1933年）父（敏一）母（なみ）の次男として、長女を含め三人兄弟の末っ子として、愛媛県周桑郡国安村桑村二七七番地（現在は西条市桑村二七七番地）で生まれる。兄弟は上から姉（吉子）長男（邦穂）次男（守）の三人である。

家業は祖父の代より田舎のヨロズ屋的小売店を営む。道を挟んで向かいの日吉屋が酒の製造、販売をしており、酒以外はタバコ、切手、塩の専売品を始め、食料品全般、米、薪、炭、雑貨、瀬戸物、簡単な薬、衣料品、化粧品に至るまで手広く販売をしていた。

商売は祖父の助六夫妻と母で経営し、父は教育者で中学の数学の教師（幾何）であったが、病身であったため晩年は小学校の教師をしていた。昭和三年祖母が死亡、翌四年兄が誕生、五年には祖父も死亡したため、母は配達の店員さんに手伝って貰いながら、一人で店の経営に当たった。

田中家は祖父の助六で十数代続いた村では比較的名門であったが、助六夫妻には子供がなく、向かいの日吉屋より父の敏一（末っ子、松木光太郎さんの叔父に当たるが、齢も二歳違いでトウ兄と呼んでいた）を二歳の時に養子として引き取った。父は結婚が遅く、母も父の教え子であったらしい。このため父母の年齢は一回り違い同じ虎年である。

父は病弱であった反面、母は大変気丈で且つ健康であった。父は私が四歳の時の昭和十二年三月十二日に心臓麻痺で他界した（享年数えの四十九歳）。私は生まれた時は体重一貫目（３７５０ｇ）と大変健康で、小学校に入学するまで病気らしい病気は全くしていない。姉、兄が麻疹になった時も顔に一つ二つ発疹のようなものが出たので布団に寝かされたが、一時間後に母が覗いた時は、もぬけの殻で遊びに行っておりそれきり麻疹はやっていないので、場合によっては未だ麻疹をしていないことになる。

二　小学校時代（国安小学校）

私は健康の度が過ぎ大変腕白で、小学校の入学式が二階の裁縫室で行われた時も、皆父母に付き添われ神妙な面持ちで校長先生のお話を聞いていたが、私は母の制止を最後まで振り切り、二階の窓を開け、敷居に馬乗りになり（片側の足は外に出す）その姿勢で入学式を済ませた（恐らく学校始まって以来、最初で最後であろう）。クラスは「男女七歳にして席を同じうせず」の時代で男子ばかり五十七名で、私は早生まれではあったが身長は大きい方から六〜七番目であった。

相撲や喧嘩はクラスで一番強く、しかも桁外れて強かった。クラス内で一対一では全く相手になる者はないし、小学校二年の時一年上のクラスでも負ける者は一人もいない。二年上で一人一目おく生徒がいた位で、三年上の兄（歳は四歳上）と喧嘩をしても全く互角で、一時間やっても勝負がつかない状況であった。

但し自分より喧嘩を仕掛けることはしないが、何とか私をやっつけて男を上げたい連中が数名で組を作り、喧嘩を仕掛けて来るが、それでもその組の中心人物を目ざとく見抜くと、徹底的にそのボスを叩きつぶす戦法をとった。すると仲間割れを来たし、泣き出しているボスに対し、〇〇日××をされた等と言って、逆に責めることになる。

その時には私は既にその場所には居ないことが多いが、このボスは守さんに学校で苛められたと家に帰って報告するので、週に一回位はその親が我が家に怒鳴り込んできた。もしその時私が家に居た場合は平気で事情を説明し反論した。母からも喧嘩についてあまり叱られた記憶はない（信頼されていたと思っている）。正面より喧嘩しても勝てないとなると、路地を一人で歩いている時など、物陰よりいきなり石を投げつけられたことも何度かあり、一度は大きい石が頭に当たり、さすがに痛くて涙が出てきた。このような時もそそくさと家に帰ると納屋に入り、涙が完全に止まるまで家の誰にも顔を合わせなかった。

又小学校一年の時より足はあまり早くなく、身長で大きい方より十名ずつで走ると、一組（一番大きい組）で三番位、クラス全体でも四～五番目であった。足は早くないが機械体操は得意で、一年生の終わりには逆立ちでグランドの縦約60ｍを歩いていた。

私は鉄棒と跳び箱に興味を持ち、毎時間五分の休憩時間にも鉄棒にぶら下がっていた。その為一年生で「蹴上がり」二年生では「大振り」をマスターし、三年生で「大車輪」に挑戦した。跳び箱でも一年生で「地上転回」二年生で「空中転回、片手転回、バック転」が楽に出来た。

但し三年生のとき大車輪に挑戦し、子供の手には鉄棒が大きいので手が滑り、頭より砂場に突っ込み、以後次第に鉄棒とは疎遠となっていった。

家には庭があり大きい松、琵琶、楓、ダイダイ等があり、私は木登りが得意で毎日枝から枝へ飛び移り、ターザンか猿のように家に居ないと思うと木に登っていた。松の木は上が止まっていたが電柱の高さ位あり、そのテッペンに立ち日課のように体操をやっており、近所の人はいつもハラハラしていたようである。

小学校二年まで病気等一度もせず成長したが、二年の秋も深まった時、得体の知れぬ大病にかかった。熱が下がらず、少し歩くと動悸が激しく、走ることなどとても出来ない状態となり、一カ月以上も学校を休んだ。

その年の夏近所の悪童二人を誘い、野良猫を捕らえ首に縄をかけ、前の川を引きずり廻して殺してしまった。又大きい青大将も惨殺した。奇しくもこの三人が病気になった。家の者からは夏に猫や蛇を殺した怨念が祟ったのだと云われ、自分もそう信じた。

後で判ったことであるが私は十二指腸虫がわき、貧血症にかかっていたのである（高校生になって判る）。

　一ヵ月の休校の後、三学期より学校に行くと、クラスの中では、俺が大将だと云うのが出来ていたが、以前のようにそれを押さえつける気力もあまり起こらず、自由にさせた。

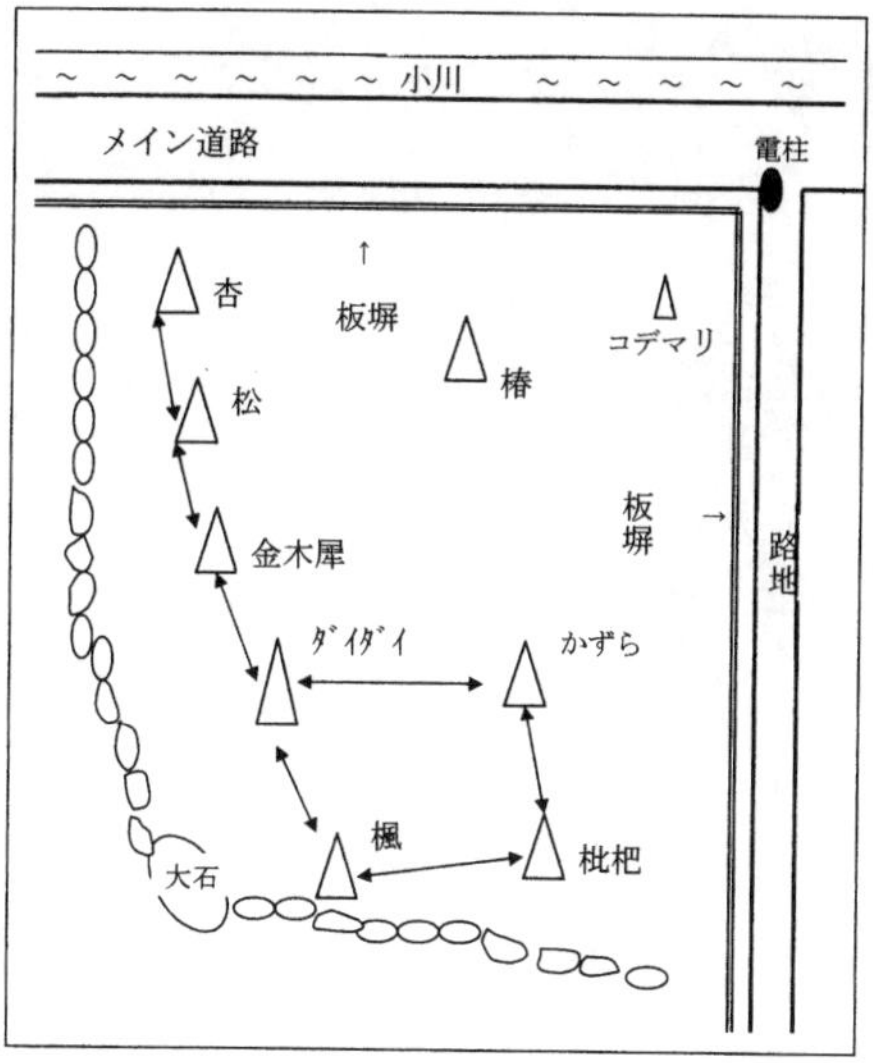

（当時の庭の見取り図）

　この病気以降四季の変わり目には扁桃腺を腫らせ、四十度位の熱が出て学校をしばしば休み、体操の時間でグランドを一周するとハアハア息を切らし、青くなって隊列を外れた。この為「青ビョウタン」と云うあだ名をつけられた。但し相撲になり私が土俵に立つと相手になる人は誰も居なかった（十二指腸虫のいる事は、小学校六年の終わりに判り薬を飲んだが完全には駆除されていなかった)。

姉は、大変勉強が出来、習字も父が徹底的に指導したので、小学校四年の時は大人も顔負けの字を書いていた。ある日農協へ集金に行き、領収書を書いた字が大人も書けない程の達筆で、農協内でも評判になったのもこの年であった。私が三年の時姉は丹原の女学校に通っていたが、病弱(軽い結核)で二日休んで一日学校に通う日程であったが、それでも学年一番の成績を修め、特に作文等書くとあまりにも見事だと云うことで、学校中に回覧したり、朝礼で披露させられた。特に評判になったのが、「私の二人の弟」と云う題で特に私を題材としていたようだ。

私は学校より帰ると学校を休んでいる姉のお付き合いをよくした。この時より毛糸の編み方を教わり(ガータ、メリヤス編み等)、手袋を片手作った(高校生になっても母がセーターの修理で私に編み方の確認をしていた)。その姉も私が四年生の暮れに急性肺炎を併発し帰らぬ人となった。

母の悲しみは如何ばかりであっただろうか?

また、小学校三年から六年生まで草花に興味を持った。一つには姉の影響と家の西隣りに「ヒーネー」（年は母よりも上）と云う小母さんがいて、庭一杯に草花を作っており、見せて貰っては少しずつ株を貰い花畑を作った。そのうち次第に病みつきになり、変わった花があると云うと昼飯も抜いて遠くまで貰いに出掛けた。残念ながら花畑の場所に防空壕を作らなければならなくなり、取り壊されることとなったが、中学に行くと同時に花にもあまり興味を示さなくなった。

母も子供の勉学には大変な関心を持っていたが、兄も今治中学に入学後間もなく、軽い肋膜炎になり二年間休学した。このように父は早く亡くなり、姉も病死、兄も休学で、さしもの母も私は健康でさえあれば良いと云うことで、勉強のことは殆どふれず、これを良いことに遊んでばかりいた。それでも勉強は何とか出来た。

特に算術（数学）は抜群の力を持っていた。四年から六年まで「越智春男先生」（二十三〜二十四歳位で大変元気のよい先生）が三年間担任されたが、算術の時間になるとよく応用問題を黒板に書き、出来た者はノートに書いて持って来いと云う。五分もすると必ず問題は解けた。早速先生の所へ持って行くと計算違い等がよくあり、又キョロキョロしている！もう一度見直せ！席に戻り見直すと簡単な計算違いが判り、訂正して再度持って行くと、先生は「ヨシ」田中お前今日は帰ってよろしい。(三時間目)と云われ帰宅した。残った全員は四時間目も引き続き算術をやり、最初の問題は誰も解けず、問題を変えてみたが先生の思うように行かなかった。

当時昼食は皆家に食べに帰り、午後再度登校し授業を受けた。昼食に帰った友達に会うと、「守」お前はいいな！僕らは昼からも又算術をやらされるんだ！と嫌な顔をしながら学校へ向かっていた。

今治中学に入学しても、代数(一年)は全てのテストを100点で通したが、二年の幾何になり、水泳の練習が始まり、勉強が疎かになると次第に解らなくなり、数学は得意科目より外れていった。

このように数学は良かったが行儀が良くないため、修身はいつも8点か9点でその他は10点であった。このため平均点ではどうしても一番になれなかった(全部10点が必要)。

当時は戦時中で各家庭とも兎やニワトリを飼っていたが、兎の草刈は私の役目で毎日草刈に行った。

夏は水浴び（水泳にあらず）にもよく出掛けた。水泳環境としては海水浴場は遠浅で有名な高須の浜があったが、家より海までは３km弱あり、海に行くのは一夏に二～三回位で、もっぱら池に出掛けた。

四国は四国山脈の高い山が連なり、特に四国、いや西日本で最高峰の石鎚山（１９８２ｍ）がすぐ後ろに聳えていた。このため水量は非常に多く、特に海岸より５００ｍ以内の家は台所に10ｍ位のパイプを土に打ち込むと、それだけで一年中コンコンと常に十七～八度の美味しい水が得られた。周桑平野は海岸線20km、奥行き10kmの三角平野で裏側の道後平野（松山市）の反対に位置し、道前平野として愛媛県最大の穀倉

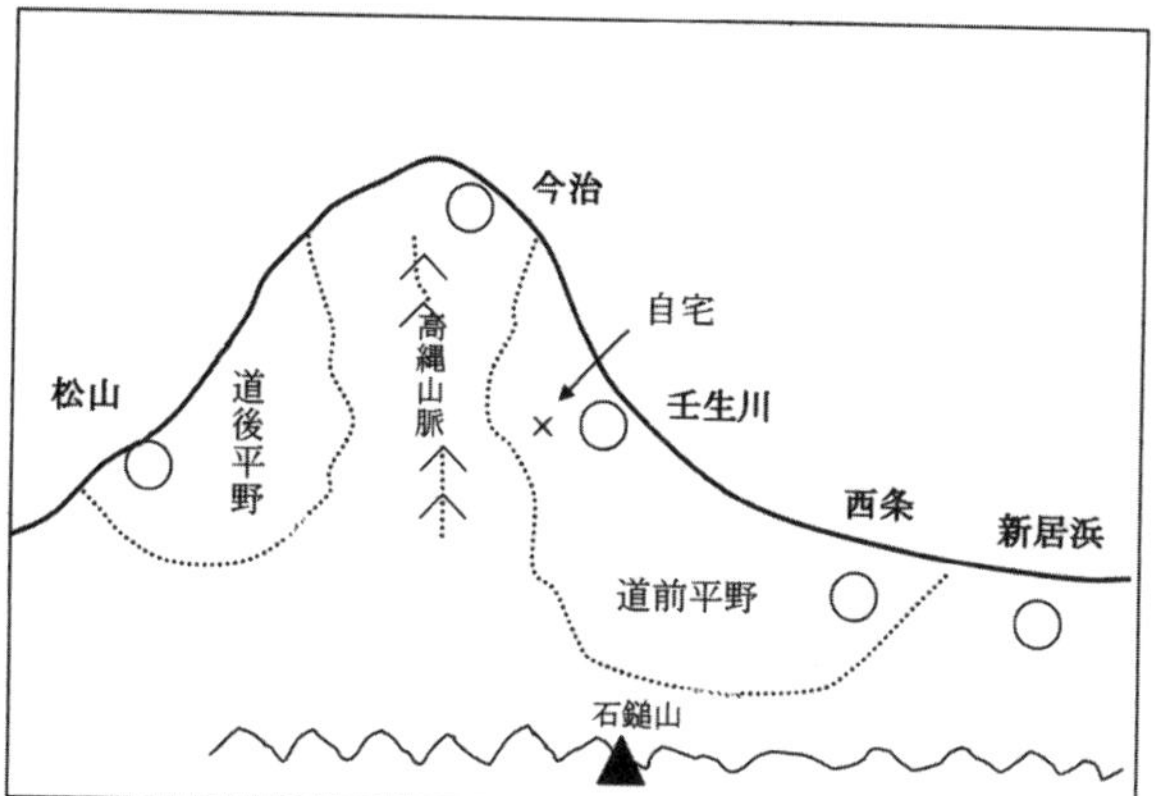

（郷土の地図）

である。山手には大きい池が沢山あった。

私の住んでいた所は「ワク」と云って10mから15m四方のコンクリート枠を作り、段々と深く掘り（深さ5m位）その底にパイプを数本打ち込んだもので水はコンコンと湧き、田植えが始まると十馬力のモーターで水を汲み上げ田んぼに供給する。

水は非常に冷たく（十七～十八度）長くは水に入れないこと、池自体が小さく長い距離は泳げないので、草に紐を付け石を縛り底に沈め、それを探しに水に潜るくらいで、殆ど回りのコンクリート枠に座り甲羅干しをしていた。当時農家の子供は小学生でも高学年になると、よく家の手伝いをしていたが、私も前述の通り家が

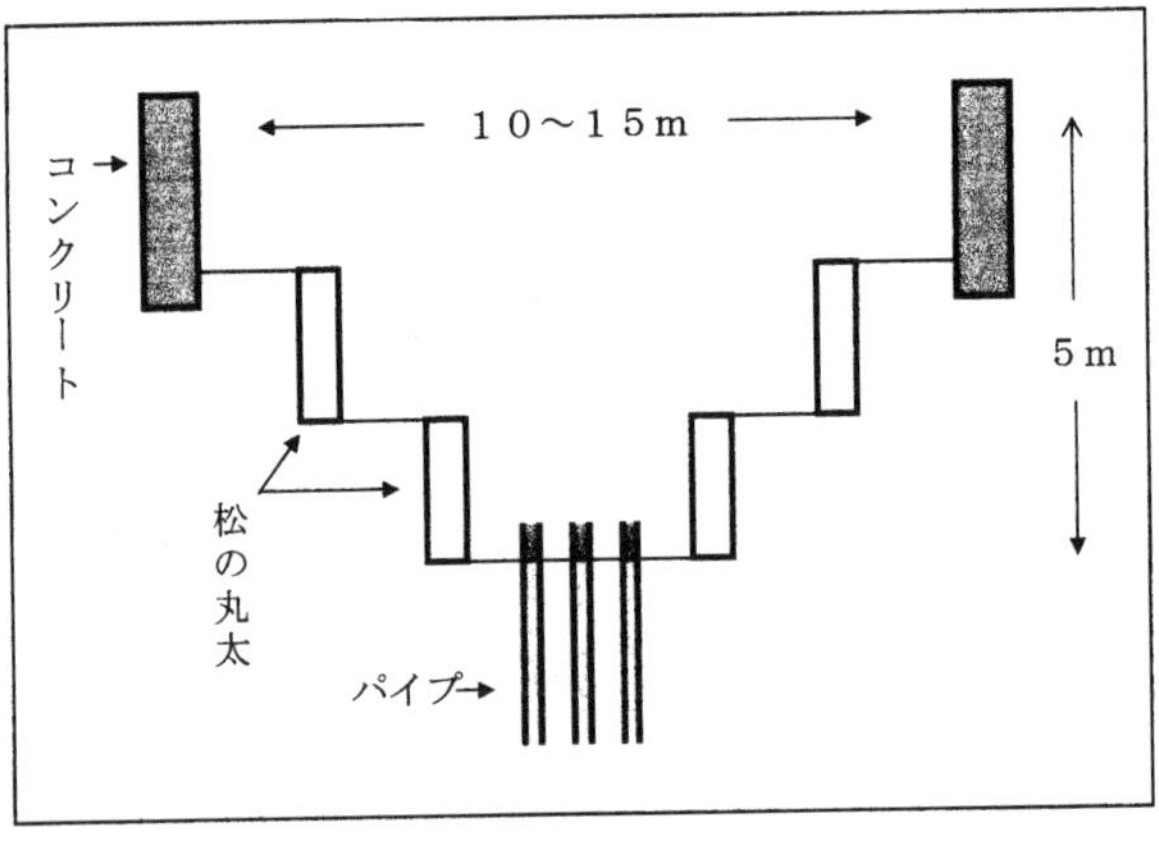

（枠の構造）

「ヨロズ屋」の小売店をしていたことにより、朝夕は特に忙しく、夕方は早目に帰り家事を手伝った。小さい時より風呂を沸かしたり（木箱等を壊して燃す）庭の掃除をした。その他畑が一反強（４００坪）持っていたので、畑仕事は、兄と二人の役割であった。

特にお盆、暮の前二十日間は大変な忙しさで、母は盆暮の二十日間は殆ど眠る暇もなく、机にもたれ二時間位うたた寝をする程度であった。

朝四時過ぎには起き、掃除、洗濯、一日分の食事の支度を済ませ、六時過ぎには店を開けると夜の八～九時まで客が途切れず、その後下駄の鼻緒をすげたり、帳簿をしめ請求書を作る（当時は半年間帳簿で掛売り、盆、暮に一括請求し集金していた）。

私も小学校四年頃より、下駄の鼻緒をすげることを手伝い始め、六年生頃には一人前の下駄職人となり、多い日は一日百足位の鼻緒をすげていた。女性の桐下駄で裏のしんを巻く方法でも、一足すげるのに僅か五分で完成させていた。

大学生になっても、たまに家に帰省していると、お客さまの中で守さんにすげて貰った下駄は力が強いので、何時までも鼻緒が緩まないから、居る間に二足位すげてくれなどと注文してくれる人がいた（当時盆、暮のお中元やお歳暮には何処の家も家族全員に下駄を贈る風習があった）。

このため、非農家やサラリーマンの子供のようにのんびりは遊べなかった。

いよいよ六年生で次は中学と云う年になったが、体調はあまり優れず、季節の変わり目には必ず扁桃腺を腫らし、グランドを走るとすぐに息が切れる状態が続いた。特に姉が死に、兄も中学入学後すぐ休学したこともあり、私は早生まれでもあるので、昔の尋常高等小学校に一年行き身体を鍛えなおすこととし、中学進学を一年見送った。この年が昭和二十年で八月十五日に終戦を迎えた。

田舎でも食料は大変困窮し、学校のグランドも80％位は掘り返しサツマイモや麦が植えられていた。私の家でも川原の土手（大明神川）に１０００坪の松林を持っていたが、食料増産のため強制的に松を切らされ、自分の家で開墾し畠を耕すならば自分の物として持てるが、やらない場合は非農家に30坪ずつタダ同然の価格で売り渡すことになった。松もあと五～十年で立派な用材になる直前で大変勿体ない話である。

家では私以外やる人がなく、少しでも開墾してみろと云うことで、夏休みの間毎朝七時より十二時迄松林の開墾を開始した。松は小さいもので直径15㎝、大きいものは30㎝位になっており、又川原の土手は昔何度も氾濫しており、石が多く作業は大変なものであった。あまり大きい株はそのままにしたが、大部分はツルハシで掘り返し、鋸で根を切って掘り起こした。石も大変な量で川にその石を捨てると、地面は1m位下がってしまった。

この様にして夏休みを全て費やし、一人で450坪（一反半）の開墾を仕上げ家の者を驚かせた。取り敢えずサツマイモと麦を作り、数年後には柿の木（あたご柿）を植えた。これが後に水泳をやるのに基礎体力を作る上で大変役に立った。

家の手伝いで忙しい反面夏はよく池に行った。午前中は兎の草をとりに行くと云って池に行き、十一時の汽車が通るとあわてて草を刈り家に帰る。昼食を食べると午後は泳ぎに行くと出掛ける（夕方は早目に帰り家事を手伝う）。この様にして夏は一日の大半を池で遊んでいたが泳ぎは出来なかった。

ある日、渡辺の正ちゃん（兄の二年先輩、近所の人で予科練に行っていた）が池にやって来て、私も兄も池の枠に腰をかけ甲羅干しをしていると、五、六人次々と池に放り込まれた。皆な泳いで這い上がったが、私の番になり有無を云わさず池に放り込まれた。さあ大変！あわてたのと元々泳げないのと両方でバチャバチャやったが全く泳げない。大声をあげてバチャバチャやったが、村一番の腕白の私が泳げないなど誰も思わず、冗談でやっていると思い皆なゲラゲラ笑っていた。その内兄が泣き出し守は泳げないいんです。誰か助けて下さい。兄も人を助ける程泳ぎは上手ではなかった。当の正ちゃんはビックリして水に飛び込み私を助けてくれたが、この一件で守は「カナズチ」と云う事が村中に広まってしまった。

それより一週間位して高須の浜で学校の水泳大会が行われることになり、前述のクラス会で先生より泳ぎの上手な順に名前を上げろ！皆な○○君、△△君が上手と云い、十名になるとこれまでが一組、これまでが二組と進み四組まで決定した。中には一度呼ばれても怪我をしているから、今回は泳げないなどと云った人を含め十数人が残った。私は全く健康体でありながら、誰からも声がかからなかった。結局五組に組み込まれた。

浜の水深はお腹くらいであり、足で底を蹴っては水に飛び込み、止まるとまた足で蹴って水に入り、負けず嫌いの根性で五組の中では一番になったことを記憶している。クラスの中でも私一人完全な「カナズチ」と云うことが証明された。

水遊びの他、村の鎮守様に蝉取りや、田んぼの中の小さい池を見つけ水を干して鮒や鯉を大量に捕獲したりした。（小川より流れ込む水の進入をせき止め、その間水は田んぼに流しバケツで池の水をくみ取ってしまう。八月になると田んぼは水を入れると稲に悪い為、農家の人に見つかると大変で逃げ廻ったことも何度かあった）

蝉取りは前述の通り木登りが特技でもあり、目指した目標は必ず射とめた。

小学校低学年は大変なワンパクであったが、二年秋の終わりの大病後いくらかおとなしくなった。しかし喧嘩を仕掛けられると受けて立った。

小学校六年の時ある同級生と喧嘩になり、この子はいきなりポケットよりチエーンを持ち出しグルグル振り廻して来た。隙をみて相手の身体を捕まえチエーンをひったくったが、さらにポッケトにナイフも持っていた。喧嘩はもうやってはいけないと思い、それ以降喧嘩は二度とやっていない。

三　今治中学時代

尋常高等小学校を一年通い（当時義務教育は小学校六年の後尋常高等小学校に二年通って終了、四国の田舎では中学に進学する者はクラスの10〜15％であった）兄の通う今治中学にパスした。西条中学も有名であったが、学校の格としては今治の方が上であり、東大等への合格率も松山中学を凌ぎ有名であった。

中学に入学すると運動部のクラブに入らなければならない。兄はバスケット部に所属し、朝登校して授業が始まるまでの間部員でお互いシュートの練習をしているのを見て、大変格好が良く私もバスケット部に入れてくれと兄に頼むと、お前など駄目だと断られ、母と相談し、戦後野球が復活し雨後のタケノコのように野球のクラブチームが出来大変盛んになっていたので、野球部にでも入るか？と言っていた。野球部に入っていれば又変わったことになっていたかも知れない（巨人軍の藤田氏は同期で西条中学に入学している）。

国安より兄の同級生で杉野学さんが最上級生にいて、水泳部のキャプテンをしていた。ある日、三芳駅より通学している今中生一年、二年全員プールに集合がかかった。有無を云わさず今日から全員水泳部員だ。裸になって泳いでみろ。

その時集合したのは二年で日和佐、杉野、田久保、長井、黒川、本宮、一年では田中、松本、長井、村上、竹田の十一名（入部拒否は村上公雄、バスケット、村上庄六、渡辺健はスポーツ嫌い）私を除いてはさすがに25ｍは皆泳げた。

私は「カナズチ」ですと云うと、中学生にもなって泳げないとは何事だ。毎日３００ｍプールサイドを這え。三日位やっているうちに泳げるようになり、取り敢えず泳ぎやすい平泳ぎをすることとなった。

水泳部員と云ってもまともな部員ではなく準部員である。汽車通学であり、朝学校に着くと三十分の時間があり、先ず一泳ぎ、弁当は二～三時間目の休み時間に済ませ、昼休みの一時間はタップリ水泳の練習に当てる。放課後は三時の汽車まで三十分位の時間があり、この時間も有効に使う。

他の人は夕方遅くまで残り練習をするが、私は前述の通り夕方は店が忙しく、早く帰って家の手伝いをしなくてはならないので、中学三年間はこうした練習スケジュールであった。勿論家にも水泳部に入っていることは話してなかった。

サラシのフンドシは汽車のデッキよりハタハタなびかせていると、三十分の通学時間で完全に乾いたが、石炭のススで黒く汚れた。

周桑郡よりこのようにして水泳部に入った中で私の他に本宮（自由形）さんは日本選手権6位に入賞、日和佐さんも平泳ぎで県下№1となり、大変素質があり将来を嘱望されていたが、彼は長距離を走るのが得意で、冬の駅伝にも陸上部の代表として活躍していた。本人のお兄さんが新居浜高校で陸上をやっており、高校二年生よりお兄さんに引き抜かれ新居浜に転向し陸上に専念した。

このようにして三名の有名選手が生まれた。

中学三年生の九月一日校内の水泳大会があり、正規の部員は試合に出られないが、私は当時の制度としては準部員として出場を許された。

申し遅れたが私達が旧制中学の最後で一年後輩は新制中学となり、私達一年の時は今治第一高等学校併設中学校であり、一年後の二年よりは今治西高等学校併設中学校であった。高校一～三年、中学三年の四学年の大会で、私は１００ｍ平泳ぎに出場し、校内で優勝してしまった。水泳部の全員もびっくり、あの「カナズチ」がこんなに泳げるようになっていたのか？明日より選手と一緒に泳げ、と云うことで九月二日～十月二日の納会まで毎日波頭さん、日和佐さん達と一緒に練習した。全員は暗くなるまで練習していたが、私は前述の通り朝の三十分、昼の一時間、放課後の三十分で、放課後プールに集まりワイワイやっている間に私は２００ｍか４００ｍの記録を取って貰い、皆が体操をすませ本格的に練習を始める時間には「サヨナラ」と帰途についた。

それでも毎日気持ちが良いくらい記録は伸びた。

九月二日の記録会は２００ｍで３分40秒、４００ｍで７分30秒であったが、十月二日の納会には２００ｍで３分02秒、４００ｍで６分30秒と２００ｍで40秒近く、４００ｍも一分の短縮となった。

中学時代でトピックスとしては、体操の先生に「ゴリ」（以前松山中学当時はゴリラ）先生がいて、色は黒く頑強な身体で柔道四段居合二段とのことであった。この先生が一年生の最初の体操の時間に生徒との相撲が有名であった。小さい方より前からでも後ろからでも一人ずつ、どこからでも掛かってこいと云い、次々と投げつけられる。私はクラスで大きい方より七〜八番目であったが、何としてもこのゴリ先生を倒したかった。私の番がやって来た。私は正面よりお腹に飛び込み、腰を下げ頭を胸につけ両差しの形をとった。

右を深く差し、バンドをしっかり持ち思い切って腰投げを打つと、物の見事にゴリ先生モンドリうって転がった。皆が「やった」と大歓声を上げた。

ゴリ先生は松山、今治とこの相撲は十数年やって来たが、君に初めて倒されたと褒めてくれた。

尚中学三年の時は水泳が身体に合ったせいか一年間で10㎝も身長が伸びクラスでも二～三番と大きくなった。

中学時代は併設中学のため、対外試合は一切なかった。

四　今治西高一年時代

高校一年となり、練習日程は中学時代と変わりなかったが、平泳ぎには波頭先輩が三年にいた。愛媛県は平泳ぎのレベルが高く、前年の国体も宇和島の水口、（二年）松山東の仙波、（二年）が選ばれ、その他にも有力な一年生で宇和島の松井、大洲の一色と多士済々であった。私は波頭先輩と泳ぐと、飛び込んで間もなく足が見えなくなり２００ｍで10ｍ、４００ｍでは25ｍの差がついた。

六月の初め、その年最初の大会が松山であり、これが県下の選手権大会で参加選手も高校、大学、社会人と一番多く大きい大会であった。私も出場することになったが、家に水泳をやっていることを話してなかった。

大会当日の日曜日も畠の仕事が用意されていた。土曜日に家に帰り学校で水泳部に入っており、明日松山で大会があり、学校の代表で出場することを話した。家でもビックリしたが、学校の代表では出なくてはなるまいと云うことで、出場を認めてくれた。

松山東校のプールは50ｍ（今治は25ｍ）で長い。プログラムを見ると前年国体に出場した水口、仙波さんと同じ組であり、予選通過は2位迄となっている。前年国体に行けなかった波頭さんですら歯が立たないのに、二人の国体選手に勝てる訳がない。

試合は200mで気楽に飛び込んだ。150mを過ぎても一向に前を泳いでいる人が居る様子はなく、ヒヨットすると私が一番かなと疑いながらも後50mを頑張りゴールインすると、私が一番でゴールしていた。

前年の国体選手の仙波さんは予選落ちである。先輩の波頭さんも三年生で頑張り調子も良く他の組で一番となり、私と波頭さんがセンターコースに並んで決勝のスタートとなった。普段は飛び込んで間もなく足が見えなくなっていたが、今日は150m迄並んで泳いでいる。にもかかわらず何も苦しくない。

少し頑張れば勝てるのでは？と欲が出てきて頑張ると、どうも波頭さんは後退している感じであり、そのままゴールインし、しかも県下の選手権大会で優勝し、以後県下の大会で一度も誰にも負けた事がない。

全国のインターハイにも出場することになり、主力の選手は学校に合宿して練習するので、私にも是非参加して欲しいと、夜先輩が家に押しかけて来たが、私自身も家庭の状態は判りすぎており、私の手を抜くことは出来ないので申し訳ないがお断りし、中学三年同様の練習方法しか出来なかった。

インターハイは甲子園プール、秋の国体は県の代表で横浜の日の出公園、野毛山プールで行われ、それぞれ出場したが練習不足もあり、今一歩のところで決勝には進出来なかった。インターハイの甲子園プールでは、丁度同時に古橋、橋爪さん一行が全米選手権（ロスアンゼルス）に出場中で、１５００m自由形で18分19秒の驚異的な世界記録が出たことが場内アナウンスでも流れ、ムードはいやがうえにも高まった。

五　丹原高校転校（学区制の変更）

翌二年になった時（昭和二十五年度）学区制の再編成があり、（学校格差をなくす目的）私達汽車通学生は以前県立女学校である丹原高校に行くことが決まった。丹原に行くとプールがない。何とか水泳を続けたい。今治に残りたいため寄留を計画したが、早速発覚し校長先生に呼び出され、不正をすると全国の学籍より抹殺するぞと脅かされ、仕方なく丹原高校に行くことになった。本宮さんは慶応高校の三年に編入した。丹原高校に行けば町の中に小学校のプールがあると聞いており、これに期待した。

この年より兄は高校を卒業し、家業の店を継ぐことになったのでいくらか楽になり、私も一年生より国体の選手になったからには、一生懸命水泳をやってみろ！と云われ、丹原に行っても何とか水泳を続けることにした。

後で判った事であるが、平成八年頃母方の従兄弟会を京都で行なった時、従妹の高橋正子の主人が今治中学で兄と同窓であり、田中邦穂さんの弟さんですか？邦穂さんはクラスでも勉強はいつも一番でした（兄は三十二歳の時、交通事故で死亡）。私は兄がそんなに良く出来たとは知らず、さぞ兄は大学に進み、勉強したかったろうと気の毒な気持になった。

自宅から学校までは５㎞の道程で、自転車で通学した。学校はグランドにバレーボールとバスケットのコートが一面ずつあり、それでグランドは一杯であった。テニスコートは別の所に一面あった。但し周辺の田んぼを買収しグランドは急ピッチで拡張されていった。

各校より集まった学生は、やはり女学校のため、女子生徒が男子の倍の人数であった。私は二年Ｃ組のクラスとなったが、男子の列の両側は女子であり私達は「男女七歳にして席を同じうせず」で育ち、初めての男女共学に大いに戸惑った。

各校より集まった中より同じスポーツをする人が十人以上集まればクラブを結成出来るとあって野球部、ラグビー部、サッカー部、テニス、卓球、陸上競技、バスケット、ボクシング部等が名乗りを上げ、私も水泳部を作るため近所の連中や、今治より帰った連中を集めて水泳部を結成した。体育部の予算会議にも出席し２５，０００円の部費を獲得した。

グランドも学校に隣接する溜池を潰したり、周辺の田んぼを埋め立て急ピッチで拡張された。シーズン前でもあり、水に入るには寒く柔軟体操をしてシーズンに向け準備を始めるべく、体操の先生に事情を話すと、新裁縫室を開放してくれ、タタミの上でトレーニングを開始出来た。

水泳部でトレーニングや柔軟体操を始めるとボクシングの二神、木内君が、早速仲間に入り賑やかになった。お陰でドタバタも激しくなり、一年で立派な畳が無残にも破れてしまい、大変申し訳ないことをした。私は玉井君と言う人物に恵まれ、トレーニングの相手を卒業までお付き合い頂き感謝に耐えない。

水のシーズンも近くなり、何はともあれ水泳の練習をする場所を決めなくてはならず、小学校のプールと云うのを見に行った。「ワク」の水をいきなり田んぼに引くのは水が冷たいので、水を温めること、防火用水、その上、子供のプールを兼ねて、簡単なプールを作ったものである。小学校よりは約1000m位山手に離れた所で、高等学校からは1500m位離れていた。

プールは戦時中全くプールとして機能していない為、水深90cmのプールに20～30cmの石や土が堆積していた。これではどうにもならず、早速、俄か水泳部員でスッコプやハンモック等工事用七つ道具を持寄り、暗くなるまで土砂を近くの川土手まで運び出した。約半月の作業でやっと土砂を除去出来た。

五月の終わり頃であった。一日も早く水を入れたく農地委員会を訪問し、水を入れて貰えるようお願いしたが、田植えが始まるのは六月の十日頃で、それまでは水を出すことは出来ないとの返事。一回入れてくれればよいからと、一週間くらい毎日陳情に行った。やっとのことで一回だけ水を入れてくれることになり十馬力のモーターより勢よく水が迸り出た時の喜びは大変なものであり、次第に増水する様子をいつ迄も眺めた。いよいよ明日からプールで練習が出来るぞと、張り切ってプールに行くと、何と30㎝も水が減ってしまっており、90㎝のプールで30㎝も水が減ると練習どころではない。

プールが何年も放置されていたため、沢山の亀裂が走り、水漏れをしたものである。水を抜き今度はツルハシを持ってきて、ヒビ割れしている処を一つ一つかいでゆき、コンクリートを詰め込んでいった。

この作業が半月程かかり出来上がった時は既に田植えの時期になっていたので、水は毎日いくらでも出して貰えたが、逆に地下水を汲み上げるため、水温はいつも十七度より上がらず、大変冷たく泳ぎずらかった。この為プールの練習と平行して近くの池（縦50ｍ、横１００ｍ）に行き殆ど一人で練習した。六月半ばになると梅雨がやって来る。毎日シトシトと雨が降り続く。来る日も来る日も一人で自転車のハンドルに傘を縛り、その下に衣類をつるし黙々と泳いだ。

時に農家の人と会うとその人が立派な身体をしているのに、何もこんな雨の中で泳ぐこともないだろう。早く家に帰り手伝いでもすれば喜ばれるのにと軽蔑の言葉をかけられることも何度かあった。そのような時やあまりにも雨が激しいときは、今日は練習を止めようかと思う日もあったが、設備の整った連中は一生懸命練習していると思うといたたまれずまた一人池に向かって練習した。

このようにして丹原高校の二年生として県下の大会が始まったが、１００ｍ・２００ｍの平泳ぎとも一位を確保したが、他の部員は試合に出ても皆ビリで、一人止め二人止めして、一シーズンで最初のメンバーは三名、翌年新人が二人入って五名と云う状況であった。

又大きい問題が起こった。当時平泳ぎはオーソドックスな平泳ぎと、蛙足のバタフライが同時に試合をしており、米国選手は殆どバタフライ、日本選手も東京の大学生は日米対抗戦等でバタフライを習得し転向していた。バタフライと平泳ぎでは100mで10秒、200mでも15秒の差があり、今後平泳ぎで成功するには、バタフライをマスターしなければならない。

但し四国でバタフライをやっている人はいない。そこで私は今治の映画館に水泳の日米対抗戦がニュースで上映されていると云うので、二日間そのニュースを五回も見た。勿論ニュース映画館などなく、一般の映画の時間は居眠りをし、ニュースの時、しかもバタフライは4～5秒の間、目を皿のようにして映画を見つめたものである。

大体の要領を掴み、早速池に戻ってやってみると25m位はスイスイと泳げる。スピードも確かに平泳ぎよりも速いようであるが、50mも泳ぐとバランスが悪いせいか苦しくなり、手が上がらなくなってしまう。これは一人で泳いでいては続かない。上から叱咤激励が必要だと考え、今治のプールに出掛け1コースで今日はバタフライで100mを泳ぐので、止まったら竹竿で引っ叩いてくれと頼み飛び込んだ。流石に今治のプールは泳ぎやすく75m迄は何とか泳げたが、残り25mは浮きつ沈みつであった。

それでも何とか完泳し、記録も平泳ぎで泳ぐよりも5秒速くなった。

この年よりバタフライが全国各地でも普及し、国内の試合は平泳ぎとバタフライを分離して行われた。今治のプールで100mを完泳して1週間後に呉の市営プールでのインターハイは200mは平泳ぎ、100mはバタフライで出場した。呉のプールは勿論50mで一段と苦しいレースとなった。75mはスイスイ泳げたが、後の25mはやはり浮きつ沈みつ悪戦苦闘の戦いであった。それでも予選を勝ち抜き決勝でも全国5位となった。バタフライを思い立って僅か十日余りしか過ぎていなかった。

当時愛媛県の水連会長は鶴田さん（アムステルダム、ロサンゼルスのオリンピックの平泳ぎで二回優勝）で、田中君四国の田舎でバタフライに挑戦するとは立派だ。是非努力してくれと激励された。九月の国体が名古屋の振甫プールで行われたが、県下の予選は200mの平泳ぎとバタフライを泳いだ。

当然両方に出場出来ると思っていたが、バタフライのみにエントリーされ、平泳ぎは外されており大変憤慨した。200mの個人レースの前にメドレーリレーがあり、第二泳者のバタフライを泳いだが、予想もしない程速い記録で泳いでいる。引継ぎがあるにしても、1分11秒位で泳いでいる。短水路でも1分15秒を切ったことはない。

２００ｍでは予選で日米対抗等でも活躍している稲泳会の長沢二郎さんと一緒であった。１５０ｍ迄は長沢さんを押さえ悠々1位で入ったが、１５０ｍ以降は手が上がらない。潜ったり出たりしながら２００ｍをやっとたどりついたが、長沢さんを押え1位でゴールインした。

決勝でも日米対抗で活躍の梶川、を始め山本（香川）平山（九州）長沢さん達に囲まれスタートした。今度も相変わらず１５０ｍ迄はトップで入ったため、当然優勝候補の梶川は無名の選手が飛び出して来たので大変驚き、ペースを乱してしまい、３位に落ちてしまった。私は１５０ｍ以降は浮きつ沈みつで、山本、長沢、梶川に抜かれたものの4位に入った。

このため国体最終日の社会人、大学、高校の三部対抗（当時国体の最大のイベント）に選ばれた。私はメドレーリレーと１００ｍバタフライに出場し、メドレーリレーは倉橋（背泳）田中（平泳ぎ）鈴木（自由形）で大学、社会人を押え1位となった。又１００ｍのバタフライも私が1位となった。このため二年後のヘルシンキ、オリンピックの候補選手にバタフライ七名、萩原（日大）宇田（日大ＯＢ）水貝、長沢、梶川（稲泳会）平山（高校三年）田中（高校二年）が選考された。オリンピック候補とはいえバタフライでは短水路（25ｍ）プールで２５０ｍ、長水路（50ｍ）プールでは１５０ｍしか泳げない世にも珍しいオリンピック候補である。

国体後は水のシーズンも終わりで、水の中での練習は一度も出来なかった。十二月の冬休みに水泳連盟より強化合宿を東大の室内プールで（二週間）やるので招集がかかった。不安な気持ちで上京した。

バタフライのコーチは、慶応先輩の小池礼三さんで、初日の今日は先ず軽～く４００ｍ行こうと云うことで全員同時に飛び込んだ。皆は４００ｍ位問題ないが、私は短水路でも２５０ｍ以上泳げない。ゆっくり泳いだつもりだが、２５０ｍが来ると手が上がらない。やむなく平泳ぎで泳ぐと、若いくせに「横着者」とお目玉をくった。お目玉をくってもどうにもならず、平泳ぎで泳いでいたので、二回目よりは名前は呼ばれず、「横着者」としか呼んで貰えなくなった。第一回の東大の合宿はこのようにして、苦痛の連続であった。

更に練習の最後に順天堂で健康診断をしたが、私を含め数名の者が十二指腸虫がいるとのことで、順天堂に入院させられた。田中純夫（早大）水貝（早大）倉橋（高二）田中（高二）他。全員問題なく駆除出来て三日間位で退院出来たが、私は第一回目に飲んだ「チモール」（駆除剤）で中毒を起こし、二回目は飲めないまま退院出来なくなった。

生まれて初めて二十日間も実家を離れ、しかも二週間の苦痛の連続の合宿を送り、かなりのホームシックにかかってしまった。食べ物は何を食べても苦くて食べられず、数日後には水も苦くて飲めなくなってしまった。このままでは死んでしまう、何とかこの病院を脱出したい。看護婦に相談すると、病気が治らなければ退院は許可出来ないと断られた。

早大の先輩の力を借りて、夜中に脱出を試みた。取り敢えず高田の馬場の山本薬局（早大水泳部が大変お世話になっている家）に行き、おかゆを作って貰ったが全然受けつけない。何としても四国に帰りたい。しかし、もう一週間何も食べてなく、このまま一人では四国まで帰れない。

そこで遠藤先輩（早大二年）に四国迄付き添って頂き、やっとのことで四国に帰ることが出来た。不思議なことに壬生川に近ずくとツバキが出始め、壬生川駅で降りると急に食欲がわいて来た。売店で何か食べ物を買いペロリと食べ、遠藤さんをビックリさせた。全くのホームシック病であったことが判明した。

幸い十二指腸虫も一回のチモールで完全に駆除されていた。十二指腸虫とは実に小学校二年より、約十年間もお付き合いをしたことになる。

春休みにまた合宿をやるので上京するよう招集がかかったが、冬のことを考えると足が重かった。いっそ止めようかとも思ったが、折角オリンピック候補に選ばれたのだから、努力しなければと苦痛は覚悟で上京した。

今回もバランスを掴めないまま、３００ｍも泳ぐと苦しくて、どうしようもなかった。

合宿が始まって四日目位と思われたが、その日は調子も良く最初の４００ｍは全部バタフライで完泳した。二回目の練習が始まる時何か二階のスタンドより、私を見ている人がいるようでふと目をやると、丹原高校二年の後、立教高校へ転校した下川晶子さん（二年生の時一年間共学）が笑顔で手を振っている。何かでオリンピック候補選手が合宿をしていることを知り、激励に来てくれたのである。

私としては今日は最初の４００ｍで力を全て使っており、もうこれ以上バタフライで泳ぐことは出来ない状態であり、これは醜態を見せるな！と覚悟を決め、二回目の４００ｍに向かって飛び込んだ。不思議なことにスイスイ手が上がり、全く疲れを知らないように４００ｍを楽に泳ぎきり、しかも　七名中恐らくトップで泳いだ。その後短い距離も何本か泳いだが気持ち良く泳げた。

練習後、三四郎池の辺りでしばらく話し別れたが、これを機にバタフライのバランスをマスターしたのか、長い距離も平気で泳げるようになった。これには早大の先輩の方々のご指導（水貝、長沢、梶川）があったことは云うまでもないが、下川さんの来訪はタイミングが良く恩人の一人である。下川さんは二〜三年後自殺したと聞いている。

いよいよ高校も三年で最上級生となり、オリンピックも一年後にせまり、有終の美を修めたいと張り切った。今年は日本選手権が七月上旬に大阪の扇町プールで行われ、私も初めて日本選手権に出場した。結果は200mで5位（1位山本〈日大〉、2位梶川〈稲泳会〉、3位萩原〈日大〉、4位長沢〈稲泳会〉、5位田中、6位平山（日大〉）の順であり、2位～6位までは全てオリンピック候補選手であった。

その後インターハイ迄の一ケ月間、全国の有力高校生を中心に天理プールで強化合宿があり、これに参加した。

合宿所は天理教の高安大教会であった。その年のインターハイは西部高校と東部高校に別れ、両方の代表が神宮プールで東西対抗戦を争う形で試合が進められた。西部高校は（インターハイ）天理のプールで開催された。

丹原高校の水泳部長は二年の時は佐伯先生、三年の時は日和佐先生が担当し、日和佐先生が天理プールに駆けつけてくれたが、所詮水泳の大会等に知識はなく、インターハイにエントリーする手続きがしてなかった。私も三月半ばより遠征に出て留守であった。

たまたま現地で合宿をしていたし実力も全国に知られていたため、プログラム作成に当たり私の名前がないので、不思議に思い確認をしてくれたため、試合に申し込んでないことが判り、急遽申し込んだが、予選のコースは1コースしか残っていなかった。普通シード選手は5コースである。

四月の合宿でバタフライのバランスも覚え、国内でも殆ど平泳ぎ選手がバタフライに転向し、バタフライ全盛になって来た。西部高校の大会は大分の板井、観音寺の秋山、宇和島の松井などいたが、全く相手ではなく100m、200mとも一着で14点を獲得し、総合でも全国で5位となった。

東西対抗は200mのみであったが、高校一年の時NHKの福島アナウンサー（スポーツアナとして有名）が松山のNHKにいて、私もインタビューをされたことがあった。東西対抗の代表、しかも優勝候補№1であり、控室の通路で福島アナウンサーとばったり出会った。お互いに懐かしくしっかりと握手をした。

立ち話に花が咲き、気がつくと200m平泳ぎのメンバーはアップも終わり、スタートを待つばかりである。慌ててスタート台に上り、アップをする時間もないまま号砲一発スタートした。幸い梶川が参加していなかったため、レースは私の独断場で優勝することが出来た。

更に九月には国体が呉の市営プールで開催され、２００ｍバタフライに出場し、宿敵の梶川と競り合いタッチの差で敗れ2位となった。どうやら梶川に対しこの試合で負けたことにより、一種のコンプレックスが生まれた。彼にはどうしても叶わないのか?と云う気持ちが増幅しつつあった。

毎年水のシーズン最後の大会が今治西校プールで近県高校大会として、九月の末か十月の初旬に開催されていた。近県大会と云っても以前より香川県観音寺高校（以前は美豊中学）と今治中学の対抗戦として行われていたもので、新制高等学校になり、今治を始め東予地区の選手と観音寺高校の選手が参加する小さい大会であった。

近くの今治と云うことで母が私の泳ぎを見に来てくれることになった。（兄は呉の国体に応援に来てくれている）。私は何としても頑張ろう。プールも短水路の25ｍであり、日本新記録を更新して母に喜んで貰いたかった。当時は大学生や社会人の選手が高校生の実力を大きく凌駕しており、高校生で日本記録など誰も持っていなかった。

それには２００ｍよりも１００ｍに集中しよう。最初の２００ｍも2位を20ｍ位離して優勝した。１００ｍは私にとって、母が見てくれる最初にして最後のレースであることは良く判っている。死に物狂いで頑張った。ゴールイン。何とも云えない静寂の一瞬とその後場内が騒然として来た。

アナウンスが流れた。「只今4コースを泳ぎました田中君丹原高校によって、日本新記録が生まれました」思わずやったと思いスタンドの母を見上げるとニッコリと微笑んでいた。軽く流してプールより上がろうとすると、母の姿はスタンドにはなかった。夕方は店が忙しいので引き上げたのだろう。記録は1分10秒2（従来の日本記録は宇多選手「日大ＯＢ」の持つ1分10秒8）。

私は観戦に来て貰ったお礼も云いたいし、早速衣服をまといグランドの方へ追いかけたが、もう母の姿はどこにもなかった。グランドでは陸上競技や野球部の連中が練習していたが、グランドでも異様な空気に包まれ、今プールで丹原高校の田中が日本新記録で泳いだそうだと囁いていた。

家に帰ると母も兄も日本記録のことについては何も云ってくれない。私は褒めてくれると期待していたが、いささか期待を裏切られた。但し夜遅く別室で母と兄がヒソヒソ話しているのが聞こえたが、守は大したものだ、水泳は思う存分やらせてやろうと兄を説得しているのが聞こえ、母も十分認めてくれていると判り安堵した。
来年のオリンピックを前にして、こんな事くらいでテングになっては大変と云う無言の教えであったと思う。
ここで丹原高校での思い出をいくつか記述する。

一）　二年の時は感激派の池上校長で、三年に進級の時には他校へ転校となった。
その時わざわざ私の処へ校長自らやって来て、田中君のお陰でこの一年間私はどこへ行っても「ああ水泳の田中選手のいる丹原高校ですね」と鼻が高かった。本当に有難うと涙を流して喜ばれた。三年の時にやって来た宮本校長はクールな人であった。

二）　三年生の時修学旅行に行くことになり、田舎の連中は京阪神方面の希望が殆どであった。母からも京阪神なら何度も行っているんだから、お金もかかることだし止めなさいと云われ、自分としては九州方面に行く運動をした。

近所の連中を数人説得し、九州行きのファアンを作る。全員の前で京阪神はこれより、皆何回でも行くチャンスはある。修学旅行はなかなか行けない所の方が思い出に残る。九州に行くべきだ。サクラの連中が大声で賛成を連発した。

田中は京阪神は何度も行ったことのある人が云っていることだと、またたく間に九州旅行に決まった。私の上の学年もすぐ下の学年も京阪神であった。（別府、阿蘇、熊本、長崎、雲仙）に行った。

三）

高校三年の時はC組でクラスの体育委員をしていた。秋の体育祭に各種の選手を出さなくてはならないが、誰も協力してくれない。

よし判った。俺一人で全種目をやる。と言い切り、一人で全種目にエントリーした。前日に走り高飛び（1m52cmを跳び2位、1位は陸上競技の選手）を済ませ、当日は800m、100m、200m、400m、1500m、逆立ち倒立（1位）自転車遅乗りなど全てのレースに出場した。

最初に走った800mは2分08秒で、この記録は女子では世界に通用する記録と高く評価された。100mも12秒0と好記録が出た。1500mは一番得意の種目であったが、最後で体力的にもヘトヘトでラグビー部の黒瀬君に抜かれ2位となった。

午後になっても一人で頑張る姿を見て、級友も申し訳ないと思ったのか「代わって走るよ！」などと何人か参加してくれたが、私一人で51点を獲得し、他の人の得点と合わせ62点で、我がC組は全校で優勝した。

四)

体操の時間は毎回のようにソフトボールをやった。ある日体育の実技試験が行われ、円盤と砲丸投げのテストがあった。体操は男女別々であったが、その日女子は休講で男子のテストを見学することになった。皆な張り切った。中でも私には一番効果がでた。

普段円盤投げは要領がつかめず、水平に飛ばずキリモミして失速する。距離も精々20～25mしか飛ばない。

ところがこのテストでは、気持ちよく水平に円盤が伸び、48mも飛び断トツであった。女性用の軽い円盤とは云え30ｍ飛んだ人は一人もいなかった。

又砲丸も12オンスの女性用であったが、16ｍと他の人を４ｍ以上離し、両方とも丹原高校の記録となった。

五）

また二年の学区制統合当時、先ずラグビー部が三十名くらいのメンバーで誕生した。勿論各校でラグビー部に所属した経験者である。

ある日昼休みにグランドの真ん中に線を引き、体育館の屋根を目指し誰が一番キック力があるか競争をしていた。皆な革のスパイクをはいているが、どれもあまり飛ばない。「俺の方が余程飛ぶぞ」ラグビーは好きなスポーツであった。のこのこ割り込んで行き「ラグビー専門のくせにだらしないな！この屋根くらいなら素人の俺でも飛ぶぞ」「そんならやってみろ！スパイクを貸そうか」「いやズックシューズで結構だ」三発蹴ると二発が文句なしに屋根の上に上がった。

さあ大変！三十人も専門家がいて誰一人も屋根迄上がらないでは示しがつかな

い。連中は午後の一時間授業をさぼり一生懸命挑戦したが、一人も屋根に上がった者はいない。

そこでラグビー部の幹部がやって来て、対外試合にフルバックでボールを蹴るだけでタックルはしなくて良いから出てくれないかと頼み込まれた。私もラグビーは好きだが、二年後にオリンピックを控えており、足でも折ったら取り返しがつかないのでお断りした。

六)

三年の水泳のシーズンが終わる迄、水泳以外のスポーツは殆どやっていない。色々のスポーツを少しずつかじってやろうと、先ず野球部に行った。「フリーバッティングをさせてくれ!」バッターボックスに立つとストライクボールでも怖い。へっぴり腰になる。体操の時間ソフトボールは相当やったが、硬式ボールとは全然違う。やっとボールに当たってもライトフライに終わり、芯に当たっていないので手が痺れ、まったく良いところなしで止めてしまった。

次に卓球部へ一週間入部した。女子選手が五～六人いたので、一週間で女子選手に勝つと宣言し、一週間後に女子選手と三セットマッチで全員負かし、卓球部は終了した。

次にテニス部へ行った。テニスはコートが少なく一年生は殆ど後で球拾いをしていた。たまたまコートに入れた一年生に「〇〇、田中さんに代わってくれ！」一年生は恨めしそうに、私に代わってくれるが、あまり良い気持ちはしない。水泳ならいくらでも泳げる。大違いである。二〜三日やらせて貰ったが一年生の顔を見るのが辛く二〜三日でテニスコートには行かなくなった。

バスケットは冬のトレーニングには最高であり、一年生が七〜八人いたので、一人だけ味方に貰い、全員を敵に回し連日試合をした。三人くらいでマークされても、大きくボールをはずませて抜いてしまう。五〜六人で周囲を囲まれると、さすがに動きがとれず、その時は一人の味方に山なりのパスをする。当方は走り回れば良いのであるが、得点はいつも圧倒的な差で当方の勝ちであった。

七）

文化クラブでもカメラ部にしばらく所属した。兄がパールのⅡ型を持っていたので持参すると、当時は私のカメラが最も高級品で厚遇を受けた。先生は曽我部先生で写真のフィルム現像、印画紙への引き伸ばし等一通りのことは習得した。

後日オリンピック等に出場し、写真を写す機会が多くなったが、費用面で大変節約することが出来た。

八）

女性との話もないではない。丹原高校に転校して二年C組になったが、前述のとおり両側は女性の列で、私は後ろより二番目、左隣一番後ろにYさんという長身でスタイルが良くチャーミングな女性がいた。頭も良くクラス委員である。

どうやら思慕が生まれた。四月の終わり頃、放課後新裁縫室でトレーニングをしていると急に雨が降り出した。家まで5㎞の道を自転車で通学しており、これは困ったと思っているとYさんは学校の近く（500m位）に住んでいたので、わざわざ傘を持って来てくれた。

大変嬉しくわくわくした気持であった。又国体に行く時も級友の伊藤君（バスケットの選手）を通じ、ドロップ等の差し入れを頂いた。勿論高校を卒業する迄片想いである。彼女は高校を卒業後間もなく今治の医者と結婚してしまった。大学に入っても一年位は彼女のことが想い浮かんだ。二年になり東京での女性友達も出来、次第に想いも遠ざかって行った。晩生であるが、これが私の初恋だと思う。

六　大学進学経緯

ここで大学進学について勧誘のことにふれる。

水泳は高校生の一級クラスと大学生の差が接近しており、（現在は逆転の場合もある）有力選手に対する大学からの勧誘は大変なものであった。私も高校一年の時は目立った存在でなく、関西系の同志社大学（入江氏）よりマークされ勧誘を受けていたが、まだ一年ですからと曖昧な返事しかしなかった。

ところが二年の国体（名古屋の振甫プール）で前述の通り、全国的には無名の選手が一躍第一線に躍り出たため、早稲田大学の飯田、丸笹さん（当時大学二年）がやって来て是非早稲田に来てほしいと丁重な勧誘を受けた。

早稲田の角帽、以前より私の憧れの大学であった。私は大学に行くならば、一も二もなく是非お願いしますと言ってしまった。他にも日大、明治、立教等から勧誘を受けたが、私は意中の所がありますからとその都度きっぱりとお断りした。

ところが三年になり、明治大学で私をどうしても取りたいと云うことで、大変なことになった。当時明治の監督は竹林寺さんで、日本で最初にバタフライ（蛙足）を取り入れた方であるが、途中体調を壊し自分の意思を遂げることが出来なかった。この竹林寺さんが私の荒削りな泳ぎを見て、こいつこそ自分が果たせなかった事をやって貰える男だと見てとったようだ。

幸い出身が愛媛であり、松山には明治の大先輩の鶴田義行さん（平泳ぎでオリンピック二連勝）が居り、しかも愛媛県の水泳連盟の会長をされている。明治は早速私を獲得する計画を立てた。

前述の通り昭和二十六年は全日本選手権が大阪の扇町プールで開催されることにより、明治大学は松山で全日本に向け合宿（十日間）を計画した。しかも県下の水泳大会（松山）の翌日よりスタートし、簡単に田中は合宿に誘っても来ないが、水泳の大会には必ず来る。そうすれば鶴田さんが強引に明治の合宿に入れてしまうという考えであったようだ。

たまたまその日は発熱で珍しく試合を欠場したため、明治では早大の差金かと翌日早速、竹林寺監督とマネージャーの二人が自宅へやって来たが、高熱で寝込んでいるのを見ると、残念だが致し方ないと帰って行った。明治は私を合宿に参加させるために、わざわざ旅費をかけて松山で合宿を張ったが、空振りに終わった。

国体が終わると本格的な勧誘のシーズンが始まり、早速竹林寺さんとキャプテンがやって来た。私は早大と約束をしておりますので、早大で入学させて貰えなければ別ですが、明治に切り替えることは出来ませんの一点張りを通した。その為戦法を変え、私の母や兄に向かって「大学としては、明治は早大より少し下かも知れない。しかしお母さん、自分の可愛い娘をお嫁にやると思って下さい。早大にはバタフライでは長沢、梶川、水貝、匠、他大勢います。いわば小姑の多い家です。その点明治は小姑的な者は一人も居ません。全員で歓待・歓迎して貰える家にやった方が安心でしょう。」と一生懸命の説得である。母も兄も水泳のことは我々には判りません。全て本人の思い通りにさせたいと思います。と言うことで逃げてしまった。

又半月位を経て二人でやって来た。今度は父が居ない私の家では、当時家もみすぼらしく小さくて家計も苦しいと見てか「明治は田中君を特待生として受け入れたい、明治の中でも特待生はいるが、田中君は最高の待遇をしたい、（費用として学費全額、合宿費等一切）勿論他の学生には一切判らないように配慮する」と勧誘してきた。この条件にも私は早大に行く約束をしております。早大で取って頂けないならともかく、それ以外ではどのようなことを云われても、私の意思は変わりませんとお断りした。

さらに半月程が過ぎ、新たな話を持ち込んで来た。今回は竹林寺さんが村長の杉野さんと一緒にやって来た。国安村には新市より川上鉄太先生（衆議院議員七回当選、明治の先輩）がおり、この川上先生が是非とも田中君に明治に入って欲しいと云う推薦状と、当時の明治大学の学長の保証書のようなものを携えてやって来た。

村長は川上先生より、どうしても自分は仕事の関係で行けないので、君が代わって説得に当たってくれと頼まれてやって来た。私が前回通りお断りをすると、早大と明治でどれほど違うか？明治ではこれ程までに君を欲しがっている、お断りするなど狂気の沙汰だ、とむしろ罵られた。

竹林寺さんからも「田中君今回の条件は明治大学始まって以来前代未聞のことです。是非意のあるところを受けて欲しい」と云われ、私は内心一スポーツマンに対し一体これは何だ。またどんな偉い学長さんか知らないが、私の一生を保証するとは云え、何時まで生きられるのか知れたものではないと反発を覚え、この時もキッパリとお断りをした。その頃より巷では田中は明治に傾いたようだとの流言が流れ、早大の先輩よりも飯田、丸笹さんに田中はおかしいのではないのかと批判を浴びた。この為飯田さんがわざわざ四国の国安迄やって来た。

明治より大変な勧誘を受けていますが、私は飯田、丸笹さんに早大にお願いしますと名古屋のプールで申し上げております。どんな事があっても、早大以外には行きませんので安心して帰って下さい。と駅まで自転車で見送った。

十二月に入り竹林寺さんとマネージャーの二人がやって来た。明治では出来る限りのことをつくして勧誘したが、その都度断られた。明治のカラーを何ひとつ見もしないで、断られるのは何としても残念だ。十二月の二十五日よりは十日間水連のオリンピック候補の合宿が東大の室内プールで予定されている。その前一週間、明治で伊豆の下加茂温泉プールで合宿する。これに是非参加して欲しい。そして明治の雰囲気も見た上で断って貰えば、私には諦めがつきます。

私も考えた。早大は資金の関係より単独の合宿計画はない。来年六月にはオリンピックの最終予選会があり、現在は七名の候補のうちどう見ても、五～七番目である。少しのチャンスも生かして練習したい。意を決して明治の合宿でお世話になってみることとした。

旅館に着くとすぐ、こっそり一週間の費用をフロントに支払った。この一週間は上級生から下級生まで何くれと大変気を遣い、歓迎攻めであった。夜も少し退屈そうにしていると、一年生が田中君卓球でもしようか?また上級生は暇を見つけては明治の校歌や応援歌も立派ですよと「白雲なびく駿河台」「紫紺の旗」など唄ってくれ、私も一週間でマスターしてしまった。

何とか明治のカラーに溶け込まそうとの気持ちの表れであろう。但し全く押し付けがましい感じは微塵も受けなかった。合宿が打ち上げとなった時、私が宿代を支払っていることが判り、これは明治でお願いして参加して貰ったのだからと、再三お断りしたが返されてしまった。

東京の合宿も終わり四国に帰り、陸上のトレーニングに励んでいると、一月の半ばに竹林寺さんが一人でやって来た。合宿でお世話になったこともあり、前回までの様にキッパリお断りも出来ず、モジモジしていると「田中君判りました。これで私も悔いはありません。だけど残念です」。駅までお送りしたが、「私も残念です。明治が早大より先に勧誘して貰っていれば！」と申し上げた。肩を落として帰って行った竹林寺さんが大変お気の毒でならなかった。夏の合宿より始まり、今回で七回目の来宅であった。

早大の方からも一日も早く合宿に来て安心させてくれとの要請もあり、受験勉強もしたいため、二月初め期末試験が終わり次第（三年は大学受験との関係で三学期のテストは早くに実施）卒業式も放り出し、慌しく上京した。途中大阪で早大の先輩（永江、小柳さん）に映画など見せて貰い、夜行の列車で上京した。

東京駅には飯田さんが出迎えてくれ、飯田さん宅を訪問し、お餅などご馳走になり、その日の午後芝のスケートリンクで早大対〇〇大のアイスホッケーの試合を観戦させて貰った。四国でスケートリンクなど一度も見たこともないうえ、スケートでパックを叩き合い競技をするそのスピードとスリルに度肝を抜かれた。

東伏見の合宿にやって来た。受験生の中では私が第一号の到着であった。合宿に入って先ず困ったことは、ドンブリの盛りきり飯や、味噌汁も大きいドンブリで食べるが、私は極端な潔癖症で人のお茶碗では一切食事が出来ず、家では兄が間違えて私の茶碗で食事をした時は、その茶碗を割ってしまったり、小学生の時も遠足で、水筒のお茶を誰かに口飲みでもされると、貴重なお茶を全て捨ててしまった。

また、すき焼き等他の人（親子でも）と箸で同じものをつつき合うことは、どうしても出来なかった。一日位は誰が食べたか判らないドンブリということで、ご飯が喉を通らず困ったが、そのうち腹が減って仕方がなく、気持ち悪いながらも少しづつ食べ始め、一週間もすると殆ど気にならなくなった。すき焼きや一つ盛りの皿のおかずをつつきあうことは、かなり抵抗があったが、これも解決出来、合宿に入った効果はこれだけでも大変意義があった。

合宿に入って二〜三日すると清光君（広島戸出高校）がやって来た。その後は続々と受験生が集まって来た。

川口友平、木村（伊東）、浅野満、野田（名古屋）、横田宣明（柳川）、黒佐清（佐伯）、鈴木進、渡辺（沼津）、馬場豊（神戸）、永富（福岡）、中条（高知）、その他にも合宿に入りきれず、旅館や知人宅に宿泊をした者を含め、総勢二十一名と言われた。

戦後の物のない時代であり、地方より上京した学生にはエピソードも多い。

二、三紹介すると、N君の場合、高知では雪を見たことが無かったとのことで、当時は現在よりも雪の降る量も多く、期間中何回か雪が振り、特に三月五日の政経の試験日は1mも雪が積もり、都電はストップするし大変な混乱となったことを記憶している。合宿で雪が降るとN君は「ワァー雪が降っている」とアンダーシャツ一枚、素足で外に飛び降り、雪を掴んだり、寝転がったりはしゃいでいた。しばらくすると「冷たい」と悲鳴を上げて戻って来た。あまりにも無防備な行動である。

二つ目は近所のそば屋「三晃庵」に行った時のことである。先輩に連れて行かれ大盛りそばを注文し、四角いザルに山盛りのそばが運ばれて来た。するとN君はこんなに沢山食べられないと云い始めた。先輩は「これは底上げで底まで入ってないので問題ない」「ああそうですか」と云うなり、タレのコップを取り上げ、山盛りのおそばの上からザーとかけてしまった。皆なあっと声が出たが間に合わない。ダシが勢い良くテーブルに広がったことは勿論のことである。すかさず「おばさん、このザル底が抜けてるよ！」皆説明に窮した。

三つ目は西武線の電車に数人で乗った時のこと、座席はほぼ満員であったが、立っている人は一輛に数人程度であった。彼はドアーの側に立ち、電車が駅に着くと力一杯ドアーを開けている。自動と力が一緒になると一気にドアは開く。

本人は何時までも自動扉に気が付かず、皆も段々恥ずかしくなり彼と離れて行った。「N君こっちへ来いよ!」と言っても本人は一生懸命ドア開けのサービスをしており、皆おかしいやら気の毒やら困ってしまった。高知で彼の住んでいる所には、自動扉の電車などなく、扉が独りで開くことなど考えられなかったとのことであった。

早稲田の受験は二〜三年前より厳しさが増し、私が受験する本命の商学部は倍率が三十一倍となった。当時文科系で政経学部に次ぎ商学部は難しいとされていた。

商学部は当時、伊地知純正学部長が、一芸に秀でた人は入学条件を考慮すると云うことで、優秀な運動選手を多数取ってくれた。

私もこの推薦に入っていたが、間違いなく入学出来る保障は何もない。受験生は昼間でなくとも夜間でも結構。早稲田大学に入学さえ出来ればそれで良い。と云う考えである。上級生から、君も第二商学部（夜間）を受けないかとの勧めがあったが、家族へ大変な負担をかけ大学に行くのに、夜間に行ったのでは申し訳なく、私は昼間に入れないのでしたら大学は諦めますとお断りした。お断りしたもののどうも雲行きが悪い。このままでは早稲田に入れないのではと次第に不安になって来た。

ある日思い切って合宿をこっそり抜け出し、明治の竹林寺さんと連絡をとった。早速会ってくれた。早大に落ちた時の対策として、拾って貰うことは出来ないか相談した。早大の試験が終われば、明治も試験は終わる。いきなり昼間の商学部に入学は難しいが、ひとまず農学部に入って貰い九月には商学部に転籍をしてくれると云うことでホッとした。堂崎君（瀬戸田高校）達は既に商学部のバッチを付けているとのことであった。

七　早稲田大学時代

このような取り越し苦労はあったものの、何とか合格することが出来た。商学部の試験は受験生五十名の教室で、その内十五名位は水泳部の関係の受験生で占められていた。水泳部関係で昼間の商学部に合格できたのは私1人であった。

このようにして苦労の末、結局二十一名受験して一商（田中）教育（横田）文（川口）の三名が昼間に合格、後は全員夜間で浅野、黒佐（二商）馬場（二理工）鈴木（二文）永富（二法）渡辺（二文）計九名、優秀な選手のうち清光（一年遅れる）木村（立教）中条（法政）などに引き取られた。この他高等学院より谷（一商）関川（政経）が入り、同期の新人は十一名となった。

清光は一年間、大学の体育局でアルバイトをし、一年遅れて商学部へ入学した。結局清光も我々と同時に新人をし、谷、関川も同学年で部歴が違うのは良くないとのことで、同学年の扱いとなった。当時長沢さんは二年生でも三年部員、三年では田中純夫さん、浪花さん、正村さんは三年部員よりは上、但し四年生と同歴ではなかった。見事難関を突破し、第一商学部に入学出来、上級生に連れられ、伊地知商学部長に挨拶に行った。開口一番学部長より「田中君はまだ正式に入学を認めてないよ！君はオリンピックに行って初めて入学を許可するぞ」とハッパをかけられた。

早速入学手続きを済ませ、一年の選択科目を選ぶことになる。先輩に教わりながら、外国語等の必修科目以外はなるべく単位をくれそうな教授を選んだ。英語の他第二外国語は谷君が高等学院で既に始めており、仲間もドイツ語の選択が多いことで、ドイツ語を選択した。

四月の半ばになると東伏見の屋外プールで練習が始まった。水温は十三度で冷たいと云うより身体中針が刺さって来るように痛く、呼吸も苦しい状態であったが、我慢して800m泳ぐと風呂に飛び込み、又泳いでは風呂に入る繰り返しであった。五月に入ると水温も次第に上がり、練習も熱を帯びて来た。勿論オリンピックの最終予選を控え、学校には行かず、朝起きてプールサイドで体操をすると、朝食を摂り十時～十二時が午前中の練習、昼食後午睡をし、二時半頃より六時位迄たっぷりと練習した。夕食後は同じくらいの体格の相棒と入念にマッサージを七時～九時（一人一時間～一時間半）に行い十時には就寝した。

この年は昭和二十七年（1952年）ヘルシンキオリンピックの年である。日本は戦犯と云うことで、国際水泳連盟への復帰が認められず、二十三年のロンドン大会は参加出来なかった。

ヘルシンキが日本選手にとって戦後初めてのオリンピックであり、古橋さん達は二十四年に全米選手権に招待されているが、自由形の選手のみで特殊種目の平泳ぎや背泳はオリンピックやアジア大会以外では、海外に出る（洋行）ことは考えられなかった。当時水泳は世界でも最強であったことで大量の参加が予定され、（男子十八名、女子七名、飛び込み男女各一名）オリンピック候補に選ばれた選手は、日夜「カンカン帽」「カンカン帽」と目の色を変えてお互いに競い合った（オリンピックにはカンカン帽をかぶって行くだろうと云うことにより、オリンピックに選ばれることをカンカン帽と称した）。

早稲田ではオリンピック候補に平泳ぎ（長沢、水貝、梶川、田中の四名）背泳（芦田、黒佐の二名）自由形（田中（純）、田中（寧）、北村、杉原、浅野の六名）計十二名の他にも平泳ぎ（飯田、匠）背泳（正村、中島、鈴木、関川）自由形（田造、浪花、川口、横田、清光）がスキあらばと狙っていた。

自由形は十五名〜十六名いたので、9コースのプールでは一緒に泳げず、一組、二組に分れるが、前日のタイム順で1コースから9コースに配列された。10位の人は二組になるため、9位10位の選手は何とか一組で泳ぎたいと大変苦労をしていた。昼間はクタクタになるまで泳いで疲れ切っているが、夜中に誰か起き上がり黙々と泳いでいる。水の音で自由形、平泳ぎ、背泳で誰が泳いでいるか見当がつく。するとライバルは寝言でチクショーを連発。早速四時頃より早起きし、泳ぐなど悲壮な状態であった。私も他の人に負けじと夜間練習にトライしたが、丹原時代一人池で泳いでいて、環境に恵まれなかったため、他の一流選手とは練習量が半分以下であり、過激な練習に耐えるだけの泳力を持っていなかった。

そのため昼間の練習に差し支えるようになり、自分は昼間の練習を先ずしっかりやることだと決心し、水中での特別夜間練習はそれ以後やらないことにした。

但し他のライバルは練習熱心で、特に平泳ぎの水貝、長沢さんは熱心であった。上級生が練習している間は、新人は水より上がれないことになっていたので、毎日二人が最後まで練習をするため、私は精も根もつきはて、9コースの奥の角で階段の手摺にしがみつき、ブルブル震えながら先輩の練習の終るのを待った。

私は水の中での練習ではライバルに適わない。何か別のことで勝たなくてはならないと考え、水泳の練習にはマッサージは大変重要であり、前述の通り毎夜二組に分れ二〜三時間マッサージをしており、三日もマッサージをしなければ身体中触れなくなる程痛くなる。マッサージのコツをもっと勉強しようと順天堂の東先生の所へ休みの日に出掛け、水泳にはマッサージが大変重要であり、整形外科の先生をどなたか紹介して欲しいとお願いすると、大変良いところに目をつけたと、整形外科の部長先生をご紹介頂き、マッサージの仕方やツボ、押さえ方揉みほぐし方など教わり、水泳部内では早速指導者になってしまった。早大の体育局でも私のマッサージ術には一目置いていた。

このようにして最終予選兼全日本選手権は刻々と迫ってきた。新聞記者も毎日のようにプールにやって来て、選手の状況を取材して行った。早大では正確な記録は記者には教えないことにしようと、記録帳を二冊作り、一部は外部発表用とした。特に平泳ぎはこれを徹底した。

バタフライは水貝さんがシーズン初めより調子がよく五月初めより2分40秒を割り、2分37～38秒で飛ばしていた。長沢、梶川も2分40秒を切っており、私一人2分45秒くらいでウロウロしていた。

新聞記者に早稲田は現在誰も2分40秒は切れません。一番調子の悪い筈の私を「田中が現在一番調子を上げています」と云うものだから、私の記録を勝手に計っている。

「なる程早大の連中は良くないな、日大はどうですか?」

「萩原、山本、平山が2分40秒そこそこと云ったところです。」

最終予選が始まる一週間前、シードされていない選手の予選会が始まった。（ゴルフのマンディトーナメントである）その中で立教大学の藤家選手が2分40秒0で優勝し、見事最終予選会の出場権を獲得した。しかもオリンピック候補七名はいずれも2分40秒を切ってない状態で、藤家選手は一躍脚光を浴び始めた。

新聞の見出しは藤家五輪当確か?と連日賑わった。藤家本人もその気になり、日毎にプレッシャーが重なり（立教よりのオリンピック候補はいない）眠れなくなったようだ。

このような状態でいよいよ六月二十日より三日間オリンピック最終予選が神宮プールで始まった。四国より国安村で私の後援会が作られ、兄を含め十数名の応援団が上京して来た。在京の人を交え二十名以上に膨れ上がった。

私も試合の始まる四〜五日前死に物狂いで頑張り、何とか2分42秒台まで練習タイムが上がり、昔より試合になれば200mで2秒は上がると自信を持っており、2分40秒くらいでは泳げるだろうと、一つの自信が生まれた。但し水貝、長沢、梶川は確実に2分40秒を大きく割るであろうし、この三名に勝てる自信は全く無く、はるばる四国から応援に駆けつけた方に対しても申し訳なく気持は重かった。初日は予選で軽く通過。藤家も好記録で予選を通過（予選3位）した。二日目はいよいよ決勝、1コース（宇田）、2コース（長沢）、3コース（平山）、4コース（田中）、5コース（梶川）、6コース（藤家）、7コース（萩原）、8コース（山本）、9コース（古川）。3日目に100mもあるが、オリンピック種目は200mのみ、メドレーリレーもなく200mで3位以内に入らなければオリンピックには行けない。無我夢中で飛び込んだ。100mをターンし、ふと気がつくと右手に身体一つ飛び出している人がいる。

その時咄嗟に梶川だ！あいつにはやっぱりかなわないか？と云う感じが走った。（実際は長沢さん）結局マボロシの梶川には勝てなかったが2位でゴールインした。

1着長沢2分37秒6、2着田中2分39秒0（以上はオリンピック新記録、従来の記録は2分39秒5）3着梶川2分40秒0、4着平山と続いた。早大が1、2、3位を独占である。この時注目を集めた藤家選手はあまりのプレッシャーで、180mを過ぎた所で意識不明となり、そのまま沈んでしまい、救助隊に救出されると云うハプニングが起こり、当然ノータイムとなった。その位凄まじいレースであった。

この時9コースを泳いだ古川選手（和歌山、橋本高校二年）が8番（ビリ）で泳いでいる。やったぞ！という実感がこの時程沸いたことはない。

翌日の100mも選考をより決定づけるためにも、頑張らねばと優勝を意識し頑張った。100mはどちらかと云えば得意種目であった。（長沢さんは不得意）結局1位は梶川1分08秒2、2位（宇田）、3位（平山）、4位（田中）、2位から4位までは同タイムで1分08秒8（以上日本新記録、従来の記録は1分10秒8）であった。200mが3位では実績の無い自分には危ないが、2位だから先ず問題ないだろうとは思いながらも、発表になるまでは不安であった。

何とかオリンピック選手に選ばれたが、長沢、田中、梶川、平山と、4位まで選ばれてしまった。羽田からの出発日まで二週間しかなく、大会終了翌日には宿舎の大栄館（本郷）に集合させられた。ブレザーの仮縫いやら、身体検査、パスポートやビザの手続き等、大変忙しい日程が過ぎた。

翌週の日曜日は早慶水上大会があり、殆ど練習らしい練習もなく出場したが、伸び盛りであり、長沢、水貝、田中の三名が出場したが、私が2分38秒6（自己ベスト）で優勝した。

(1) ヘルシンキオリンピック

慌しい準備が終わり、六月二十八日(?)出発の日がやって来た。なお、この慌しい日程の中、水泳選手団は古橋、橋爪さん達を中心とした年長組と、私達を中心とした若手グループに分かれ、若手グループは海外遠征は勿論初めてである。外国で失礼があってはいけないと二度に亘り帝国ホテルに連れて行かれ、洋食を食べる講習が行われた。現在ならばそのようなことは必要ないが、当時は戦後の物不足で、米の飯も食べられない状況で、洋食など食べたことも見たこともない者ばかりであった。後ろにボーイが一人づつ付き、スープが出ればスプーンの使い方、ステーキをナイフで切っての食べ方等一つ一つ細かく指導を受けながら試食したが、何を食べても大変なご馳走ばかり、洋食なら何でも食べられると希望が湧いた。

出発当日の飛行機は、日本航空は国内のみで海外へは就航してなく、オランダのKLM航空に乗り込んだ。当時ジェット機はなく四発のプロペラ機で百人前後乗りだったと思う。勿論北周りは無く南回りのみであった。しばしば給油が必要で、羽田を出発し沖縄で給油、次はバンコクその次はカラチ（パキスタン）で市内のホテルに一泊し、翌日バスラーに向け出発、ベイルートを経てオランダのアムステルダムに到着、又一泊した。三日目の朝はアムステルダムを後にコペンハーゲンを経由、ストックホルム（スウェーデン）に到着した。

ヘルシンキでは50ｍプールはオリンピックプールしかないので、十分な練習が出来ないことから、ストックホルムで一週間のミニ合宿をすることになった。

ＫＬＭに乗り込み最初に昼食が出た。先ずスープ、帝国ホテルで教わった通りスプーンを握り飲もうとしたが、何とも云えない異臭があり、口元へ運べる状態ではなかった。とても飲めないのでノーサンキュウすると隣の上級生（田中寧夫さん）が「何だ守、要らないなら俺が貰うぞ」と、いとも美味そうに飲んでしまう。肉もサラダも全てアウト。デザートまで喉に入らない状態で、果物と水のみで三日間の飛行機の旅となった。カラチに一泊したが、大変な暑さでシャワーの水もお湯になっていた。部屋は勿論冷房設備などなく、夜遅くまで外で時間を潰した。

二日目のバスラーも暑かった。丁度お昼ごろの到着で、飛行機より降りるとサウナに入ったように熱風が吹きつけて来る。この暑さには度肝を抜かれた。

飛行場内の待合所でコーヒー等のサービスを受けたが、勿論クーラー等の設備はなく、天井に大きい扇風機（プロペラ式）がゆるゆる回っているのみ、給仕の係員も暑さの為か、テーブルを拭くのも手がどちらに動いているのか分らない程スローモーであった。天気は大変良く飛行機の高度は８，０００ｍ、時速４５０㎞で飛んでおり、インド洋上空より海を見ると白い波が非常に小さく見える。アラビヤ砂漠の上では、正面に小山が見えているがなかなかその山を越えない。

飛行機は丁度空中に静止しているようで、テーブルの水もコトリともしない。快適であった。

アムステルダムに到着したが、地球の自転に沿って飛行するため、長い一日であった。昼食も二回出た。恐らく二十時間以上の昼間であった。前述の通りストックホルムで一週間のミニ合宿を実施、ホテルはストックホルムの郊外でクリスタンベルグホテル、広い芝生の中に平屋の部屋がウナギの寝床の如く長く続き、すぐ隣は広い公園になっており、大変環境の良い所であった。

七月に入り北欧は白夜で夜の十二時でもまだ写真が写る程で、夜中の二時頃太陽が沈み五時には又太陽が上がる。太陽は沈んでも地球の横側にあり、空は白く白夜の状態で、一等星がやっと判る程度である。夕食後公園で時間を潰していると、ふと人気がないことに気づくと十二時を過ぎており、慌てて部屋に戻ることもあった。試合を前にして緊張もあり、部屋が明るくとても寝つけない。ハトロン紙を求め窓に貼り付けてやっと眠った。

夏は昼間が長い反面冬は殆ど夜であり、人々は夏には日光浴を楽しむ。ホテルの隣りの公園を散歩すると、方々でアベックの女性があらわな姿で日光浴をたのしんでいる。それらの人は見ないのがエチケットとの事であるが、どうしても目が走ってしまう。

ストックホルムには通算七日間滞在したが、市内観光等は殆ど出来ず半日（正確には二時間程度）近くのエンコー百貨店とその前にある立派な公園で、若干の散策をした。

一日目は休養日、二日目より現地ＹＭＣＡの室内50ｍのプールで練習が始まった。

私達平泳ぎ選手にとっては大変な一週間であった。平泳ぎは四名で来ているが、レースは200m一種目で三名しか試合に出場出来ない。再度合宿の四～六日の三日間午前150m、午後200mのレースを計六回実施し、その記録の内容により出場者を決定するとのことであった。

ストックホルムのホテルの食事も大変豪華な内容であったが、匂いはどうにもならず、スープ、メインディッシュ等何一つ食べられない。デザートのアイスクリームを少々（ボリュームは多い）後は果物と水程度しか喉を通らない。そして次第に練習が進むにつれ水までも苦くなった。最初の三日間は身体を慣らしながら次第に練習量を上げて行き、四日目よりレースが始まった。

私は長沢さんと二人、後は梶川、平山組であった。各人の記録は一切教えて貰えず、ただ一回一回のレースにベストを尽くすしかなかった。一日目午前中のレース150mは、長沢さんに何とか1.5mの差をつけて勝った。午後の200mも同じく1～2mの差をつけて勝つことが出来た。このようにして三日目の午前中迄五回のレースはすべて長沢さんに勝てた。

レース二日目の晩、藤田総監督（早稲田先輩）に廊下で会い、「田中君は気の毒な立場にある。四人の中で一番の記録を出さないとレースには出られない。とにかく頑張ってくれ」と激励された。

羽田を出発してから殆ど果物以外食べてなく、元々便秘症であり羽田出発以来一度も便通がない（羽田より九日目）。レース六日目は体調も非常に悪く熱も三十八度位あった。又毎夜新人であるがため先輩のマッサージをしなければならない。マッサージが上手なため、浅野は免れ全て私にお鉢が廻ってくる。特に田中純夫さんと長沢さんは一人一時間はタップリやらされ、田中寧夫さんは君も明日は大事なレースがあるから、肩だけ少しやってくれなどと有難かった。

後で浅野君とお互い少しづつマッサージをし合う。それでもこのマッサージは若いせいもあり、特に苦痛には思わなかったが、ハンデはあったものと思う。

現地のマッサージ師もいるが、一度やってみると身体中にオリーブ油のようなものを塗りなでるだけで全く効果がない。また七月初旬は当地としては最も暑い時期で、昼間の気温は精々十八〜二十度位であるのにダラダラ汗を流し、その汗がこちらの身体の上にポタポタこぼれ、気持悪くて仕方がない。二度と呼ばなかった。反面先輩よりマッサージの要請は増大した。最後の日の午後２００ｍでは遂に長沢さんに２ｍ位の差をつけられて負けてしまった。ストックホルムの合宿では、平泳ぎのライバルの一人である西ドイツのハーバート・クライン（オリンピック３位となる）が同じプールで練習していた。彼は練習に持ってくるバックを私達に持って見ろ云う。受け取ってみるとズッシリと重い。何が入っているのかと開けてみると中には１ℓの牛乳瓶が二本も入っている。こんなに沢山の牛乳をどうするのかと聞くと、一回の練習中に全部飲んでしまうと云うのには驚いた。

ホテルの食事は朝（ブレックファスト）昼（昼前）午後（ランチ）夜食（ディナー）と一日四回出るが、毎回大きなグラス（３００cc）に一杯の牛乳が入っており、水代わりに何杯お代わりしてもＯＫ、しかも内容は非常にコンクで、日本人の大半は一日コップ二杯で下痢をしてしまう程であった。欧州の人はこんな牛乳を一日一升以上飲み、肉・ハム・ベーコン・チーズにデザートのアイスクリームも大変ボリュームがあり、食糧難の日本人との栄養バランス、カロリーの摂取量では問題にならないことが歴然とした。日本は試合の前日に限りトンカツやステーキを食べさせてくれるが、試合前日などは神経が昂ぶっており栄養などにはならない。

ストックホルムを後に憧れのヘルシンキ（フィンランド）に向かった。飛行機の高度もあまり高くない（３０００～４０００ｍ）タイガー地帯と呼ばれる針葉樹林の中を赤い道路がきれいに走り、湖がそこかしこにあり、空の色も湖の水も何処までも透き通り、何とも云えない素晴らしい景色であった。

ヘルシンキは緯度でほぼ60度で、日本で云えば樺太の境界線が50度であるから、カムチャッカ半島の中程に位置するが、暖流の影響とかで比較的暖かく、七月の気温は昼間で十七～一八度位でトレーニングシャツを二枚重ね着をして、プールを往復した。冬から一気に夏、夏から一気に冬と云った春と秋は殆どない。冬の期間が長く、夏はあらゆる花が一度に咲き、どこの公園どこの家の窓にも花や花籠で、家が埋まっている感じで大変綺麗であった。

オリンピック村は新しく作ったアパート形式で、五階建、私達若手は洋式には不慣れで色々と問題を起こした。便器が洋式ではどうもうまくいかず、便器の上にしゃがむ者が多く、瞬く間に便座が壊れてしまった。又ベットも不慣れで眠れない。勿論ハトロン紙で窓を貼り詰めているが、試合前の緊張感もあり、眠れないのでベットのシーツを床に下ろして皆なで寝ていた。

オリンピック村の食堂はアジア系、ヨーロッパ系、アメリカ系、ソ連系、アフリカ系と五つのブロックに別れ、各国より有名なコックを連れてきて、お国自慢の料理を作っている。食堂への入場バッチを着けていれば、どこの料理も自由に何皿でも食べられることになっていた。

カウンターでお盆、ホーク、ナイフ、グラス、お皿を取り、カウンターに並んでいる好きな料理を取って食べれば良いことになっている。私は残念ながら世界のどの料理も関心はなく、アジアの食堂で朝昼晩の決まった時間に米の飯と味噌汁が出るので、これを目掛け来る日も来る日もこれ以外の物は何一つ食べなかった。(十八日間) 後で考えてみれば、二週間以上も滞在した間、各国の料理を試食すればどれ程プラスになったか?全く勿体ないことをしたものである。

オリンピックがあと一年遅ければ、どれ程有益な体験が出来たかと思うと残念でならない。

大会が始まるまで四〜五日あり、日本チームは比較的早い入村であった。オリンピックプールでの練習は午後三十分位の時間しか使えず、オリンピック村の中にある25mプール（別に飛び込みプールも設置）で練習した。

ヘルシンキへ来て米の飯と味噌汁を飲むと一挙に元気を取り戻し、調子もグングン上がって来る。結局レースに出るのは長沢、梶川、平山で私は出場することが出来なかった。理由は非公式ながら、長沢さんは最年長者、最終予選1位、小池コーチ（平泳ぎコーチ、慶応、長沢さんとは同郷）、梶川は年は若いが、レース経験が豊富でどうしても出したい、今回の監督コーチは早大二名、藤田総監督、牧野さん（自由形長距離）、遊佐さん（自由形短距離日大OB）、清川さん（背泳、一橋）、と五名中二名が早大で平泳ぎ三名とも早大より出しにくい、平山がそこその力を出せば入れざるを得ないとなると、経験の少ない田中を落とすのが無難、と結論に達したようである。

晴れてオリンピックに出場が出来、郷土の声援、大きな期待のもと、はるばるヘルシンキ迄やって来て残念ながら本番のレースに出場出来ない。何のかんばせあって日本に帰れようか！目の前が真っ暗になった。

村のプールで四人で練習すると私は調子がグングン上がり、試合前でもあるので２００ｍのレースはなかったが、１５０ｍのミッテルをやると、他の三人を3〜４ｍ引き離し、選手への影響を考え以後私は三人とは別に一人で泳がされることになった。50ｍのダッシュでも30秒と東京の時より1秒位早くなっていた。

しかし決まったことはいくら悔やんでも仕方がない。選ばれてヘルシンキまで来られたことだけでも感謝すべきで、水貝さんのように早くから一番調子が良かった人が来られなかった事を思えば自分は幸せ、これからは出場する人の縁の下の力持ちになろうと気持を切り換えた。

前述の通り現地のマッサージは評判が悪く、早大の人は勿論のこと日大の連中も古橋さんを始めマッサージを買って出た。マッサージの腕の良いのに驚き、「悪いけど頼む」と何人にも頼まれ、喜んで引き受けた。

大会がいよいよ始まった。夢に見たオリンピック入場式、四十万人のヘルシンキの人口で、メイン会場はオリンピックのため四万人収容するスタンドの上に仮設スタンド（木造）を伸ばし、八万人収容のスタンドは立錐の余地もない程膨れ上がった。

入場行進の終わった選手は待っている間、暇をもてあまし各国選手がコインの交換会を始め、何でも一対一の交換で1円硬貨（アルミ）でも沢山持っていればと残念であった。大会は始まったが、水泳競技は後半の一週間で、前半は陸上競技が中心であった。試合には出場出来ないので、折角だから陸上の試合を浅野君と一度見学に行った。丁度人間機関車の異名をとったザトペックが最初の5000mに出場しており、私達の隣にチェコの応援団が居た。私達にプログラムを示し、一番先頭を走っているのがザトペックで、必ず優勝するんだと誇示している。

一方ザトペックは先頭を走っているが何とも苦しそうな顔で今にも落伍しそうである。まだ大会が始まって間がなく、ザトペックの名も知られてないため、「何だこの人は。そのうち必ず負けるよ」と日本語で云うと、相手はザトペック№1を鼓舞した。最後までこの状態が続きあと一周の鐘が鳴ると、この苦しそうな走りのザトペックがスルスルと2位以下を引き離し完勝した。ザトペックの名はいやが上にも高まり、10000mを制して最高潮となった。最後のマラソンにもエントリーをしていたが、彼はマラソンを一度も走ったことが無いとのこと。但し１０００ｍを走って少し休み、後続が付いてきたところでまた１０００ｍを走り、これを四回繰り返せば間違いなく優勝するであろうと予想された。結局最初よりイーブンペースで完走し、他を寄せ付けず優勝した。人間機関車の名を世界に轟かせた。

後半に入り水泳競技が始まった。初日は８００ｍリレーより始まった。私はストップウオッチを持ちタイムを取った。日本は鈴木、浜口、後藤、谷川、敵は米国のみ、スピッツ、クリーブランド、コンノ、マックレーンである。

第一泳者の鈴木は好調で2分07秒０で泳ぎ、米国に２ｍの差をつけた。浜口さんはよく頑張り４００ｍの途中経時は４分14秒５である。２分07秒５で泳ぎ、本人としては大変なベストタイムである。（今まで２分10秒を切った事はない）米国との差は３ｍに広がった。胸がワクワクして来る。

第三泳者の日本は後藤、米国はコンノ（コンノはヘルシンキに来る迄調子は悪く、８００ｍリレーも試合の前日レースを行い、４番目でやっと選ばれたとのこと）。本番になるとコンノはググン調子を上げ、後藤との差をジリジリと詰め、遂に６００

mでは身体半分のリードとなった。（後藤は2分09秒6）アンカーは谷川とマックレーンで、谷川も良く頑張ったが、米国は追い込み型（日本は逃げ込み型）でマックレーンは米国№1であり、最後には谷川も力尽き逆転負けとなった。

現在ならば2位は銀メダル、立派なものであるが、2位ではビリになった感じで愕然となった。以前より我々水泳チームはオリンピックは優勝以外は考えない、2位もビリも同じが合言葉であった。

100m自由形は鈴木が良く健闘し、最後にグングン追い込み米国のスコールズと同タイム（57秒2）ながら惜しくも2位となった。後藤君も5位に食い込んだ。

400m出場の古橋さんは一昨年ブラジル遠征でアメーバ赤痢にかかり、体調を壊し完全に復調しないままの出場となった。実力的には完全に峠を越し、体調も充分でない古橋さんを、日本のマスコミはオリンピックになれば古橋は必ず勝つとあおり立て、皆なも以前の古橋の活躍を知っているため、優勝を信じ深夜のラジオにかじりついていた。予選を通過、準決勝を8番目の最後で決勝に残った。結局善戦及ばず8位（プール掃除＝当時ビリの人を云う）でゴールイン。本人からは何も聞かれなかったが、さぞかし残念であり気持はいかばかりであったろうと察して余りある。私は無意識のうちにタオルを持ってプールサイドに行き、ご苦労様でしたと引き上げに行った。

４００m自由形は最も激戦であり、話題の多いレースとなった。古橋さんの惨敗もさることながら、４コースのボァトウ（仏）３コースのコンノ（米）のデッドヒートの末無名のボァトウが優勝。コンノは2位となったが（ボァトウ4分30秒、コンノ4分31秒、なお古橋さんの過去の世界記録は4分33秒０）ボァトウのお父さんは喜びのあまり、レースの終わっていないプールに洋服のまま4コースの息子めがけ飛び込み抱きついた。他の選手に迷惑がかからなかったと云うことで、失格は免れたが大いに問題となった。

背泳は１００mで優勝はオヤカワ（米）２位ボゾン（仏）で優勝のオヤカワが1分05秒、ボゾンが1分06秒、日本の倉橋、西野は共に1分10秒が切れず、決勝には残れなかった。平泳ぎはバタフライ（蛙足）とオーソドックスな平泳ぎが同時レースとなったが（但しどちらかに統一、両方やると失格となる）日本勢は予選、準決勝を通過、決勝は1位デービス（豪）２分34秒６、2位スタッスホース（米）２分35秒、３位クライン（西独）2分36秒、4位平山2分37秒、5位梶川2分38秒、6位長沢2分39秒と日本勢は4、5、6位に終わった。

最後の1500mは橋爪さんの優勝が一番可能性の高い種目であった。彼のオリンピックの相手はコンノであろう。コンノはスプリントに勝る。恐らく彼はピッタリとついて来て、最後に出てくる作戦を取るだろう。どうしても途中で水を開けなければ勝ち目はない。練習でも絶えずやっていたようであるが、国内の最終予選会の時も、1000～1100mの一番苦しい時にラップタイムを急に3秒も早くしており、本番のレースでコンノを振り切る練習をしていた。

コンノは前年の日米対抗から頭角を現し、400m自由形で古橋さんが初めて敗れた相手であるが、前述の通り本大会の前は調子が上がらず、やっとのことで米国オリンピックチームに選ばれた状態であったが、800mリレー、400m自由形と急速に調子を上げ、1500mの行われた最終日は絶好調であった。

決勝のスタートが切られると橋爪、コンノの一騎打ちとなり、先行する橋爪にピッタリついて離れない。何とか途中で引き離さなければとピッチを上げ800mのラップタイムは日本新記録を大幅に更新して通過した。それでもコンノはピタリとくっついて離れない。１２００ｍを過ぎるとオーバーペースの橋爪さんはペースダウンして来た。コンノはそのまま抜き去り、１５００ｍをゴールした時は橋爪さんに25ｍの差をつけてしまったものの、橋爪さんも2位を確保した。橋爪さんも優勝以外は2位もビリと同じと云う執念のような試合ぶりであった。

日本チームはこのようにして、競泳種目六種目中金メダルは一個も取れず、銀メダル3個という残念な成績に終わった。

私に幸運であったことは、オリンピックの桧舞台で泳ぐことを諦めていたが、試合の最終日エキジビションではあるが、大陸対抗のメドレーリレーをすることとなった。参加チームはアジア、ヨーロッパ、北米、南米、大洋州、アフリカの6チームでアジアは当然日本チームで編成。背泳、倉橋を除き平泳ぎは田中、自由形は西とレースに出場していない者で編成してくれた。私はこの時こそ自分の実力をアピールする最大のチャンスと張り切った。都合の良いことに日本の背泳は弱く、1位のヨーロッパチーム（ボゾン2位、クライン3位、ラルソン3位）とは約5～6ｍ遅れ6チーム中ビリで帰って来た。私はこの時とばかりガムシャラに泳ぎ、次々と各チームを抜き去り100mのゴールではトップのヨーロッパチーム（クライン）と殆ど頭一つの所まで追い詰めた。

3位とはかなりの差があり、自由形の西さんはそのまま順位を変えることなく、アジアチーム（日本）は2位となった。エキジビションのため1～3位に全て銅メダルを頂き、その為ヘルシンキ大会、水泳の銅メダルを獲得出来た。

自分でも満足のいく会心の泳ぎが出来、日本水泳関係者の間でも沢山の人が、私を200mのレースに出さなかったことを悔やんだものと確信する。小池コーチは当日プールには来なかったが、夜会ったときに「田中君！今日は頑張ったらしいな」と声がかかった。恐らく本番のレースに出ていれば、悪くても3位、うまくすれば優勝出来ていたのではと、大変残念でならなかった。

日本の女子選手は各種目に出場（背泳を除く）したが、欧米の選手には体力差も大きく歯が立たず、決勝には一人も残れなかった。

水泳の試合を最後に第十五回ヘルシンキオリンピック大会は終了した。

（2）欧州一周親善旅行

日本の水泳チームは優勝は出来なかったものの、欧州各国より大変な人気で、各国より招待を受けた。身体を壊しては困るとの事で、エキジビション大会は極力抑えて、各国の訪問計画を立てた。簡単に訪問した国々を順を追って述べると、ヘルシンキ↓西ドイツ（四日＝フランクフルト①、ライン下り①、ハイデンベルグ①、ハンブルグ①）↓デンマーク（コペンハーゲン二日）↓英国（ロンドン二日）↓オランダ（アムステルダム二日）↓フランス（八日＝パリ④、ニース②、マルセイユ②）↓モナコ（モンテカルロ二日）↓イタリヤ（七日＝ジェノバ②、ローマ②、ナポリ②、ポンペイ①）↓バンコック（一日）↓東京まで以上約三十日間である。

ヘルシンキから最初の訪問国は、西ドイツのフランクフルトに到着した。フランクフルトで米軍が接収している郊外のプールに向かった。プールに行くまでの数kmの道路はペンキで所狭しと、この先ドイツの国民が作ったプールがあるが、現在米軍に接収されている。なぜドイツ国民が泳げないのか？USゴーホームが道一杯に書いてある。

このプールで軽く泳ぎキャンプでドイツ自慢のフランクフルトソーセージをご馳走になったが、これはさすがに美味かった。また屋外のぶどう園の中のレストランでスペアリブとワインを頂いたが、これもシンプルで大変美味かった。

ドイツは第二次世界大戦を列国と戦い、街は大変な破壊を受けていた。フランクフルトの街も中心街は全て復興しているが、（昭和二十七年）中心街を少し離れるとビルは破壊されたままで、横の空き地にビルを作ると云った方法をとっていた。更に感心させられたことは、道路が立派なことだ。アウトバーンは戦前に作られたものであるが、将来１００ｔの戦車が走り回っても平気な設計をしたと云うだけに、戦火をくぐったアウトバーンは百数十キロのスピードで走っても、コトリとも云わないほど整備されている。

また、戦後の復興にあたり、道路の整備と平行して工場の整備、住宅の完備に当たり、この三つが完成するまで映画館などは一切作らなかったと云う徹底した方法で復興させたとのことである。

ついでに述べるが車の運転手がなかなかユニークな人で日本にも来たことがあると云っていたが、日本は空き地が多いと盛んに云う。日本は山が多く平野が少ないので、低い山も開墾し空き地などないと云うと、確かに山の上まで耕して良く利用しているが、平地の真ん中に沢山の空き地があるではないか？何のことかと思うと道路のことである。道路とは舗装してなければ、ドイツでは道路とは云わない。日本は当時ほとんど一級国道以外は舗装などしてなく、確かに空き地だらけであった。

また、この運転手は戦争体験もあり、日本人と一緒にソ連に捕虜として、抑留されていたようであるが、世界中でドイツ人が一番根性があると思っていたら、日本人はドイツが手をあげた後も、世界を相手に一国で戦っており、日本人を尊敬していた。その日本人がソ連に抑留されると、一日中真面目に働き監視兵に対し一言も苦情を云わない。勿論食べる物もロクに貰えず働いている。見かねて盗んだ食料を日本人に何度も与えた。我々ドイツ人はソ連に対しそろそろお返しをやりますよ！と日本のように戦争は今後まっぴらと云った感覚と違っていた。

またドイツを離れる前にゾーリンゲンの剃刀を土産にと思い、刃物店に入った。生憎ドル紙幣のみなので、ドルで品物を買えるかと聞くと、米国人かと聞かれ、違う日本人だと云うとヤポン、ヤポンと急にはしゃぎ始め、店の主人が奥に消えたと思うと、老夫婦から子供が二〜三人、奥さんを含めて七〜八人皆が出て来てヤポン、ヤポンと握手攻めで歓待してくれ、買物もサービスしてくれるなど対日感情は（ドイツ）大変良かった。当時日本人は欧州ではなかなか見当たらず、日本大使館にでも行かないと逢えない時代であった。

三十日間余り欧州を回って、大使館以外ではルーブルの博物館で、斎藤さんと云う画家が模写の勉強をしているのに一度会ったのみである。現在の様にどこへ行っても日本人ばかりとは大変な違いである。

フランクフルトから有名な大学のあるハイデンベルグに行き、大学の中を見学、特に悪いことをした学生を入れる「監獄」があり、この中は余白の無い程落書きがしてあり、この大学の学生気質を剥き出しに表している。

この日の夜はハイデンベルグの街のお祭りで、町中ライトを消し、花火大会があった。町の中を流れるライン川の支流の橋と山の中腹にあるハイデンベルグの城に花火を仕掛け大変綺麗であった。

ハイデンベルグよりライン下りを行ったが、残念ながら何処から何処までライン下りをしたか、覚えていないが一番有名なコースであることは間違いない。ローレライを皆で合唱する大きい岩の突き出た上に、古城があったのをしっかりと覚えている。何しろ山の中腹に古城が沢山あり、大変良い景色であった。

ドイツはハンブルグから列車に乗り、デンマークのコペンハーゲンに移動した。夜汽車に乗って寝ていると夜中の一時頃大声で叩き起こされ、検問があるから全員ホームに整列しろとのこと。ドイツは占領下にあり、大変税関の検問が厳しかった。一人一人慎重に検問がされるため相当待たされ、一時間以上待たされて順番が来た。バッグを開けろと云われ、バッグを開けるとバスタオルや水泳パンツがぞろっと出て来た。何しに来たんだと云うから、日本の水泳のオリンピックチームだと云うと、それはどうもご苦労様と後は何も云わず、全員フリーパスであったが、検問が終わるまで二〜三時間ホームで待たされたのには閉口した。

やっと汽車が動き始めほっとした。早朝コペンハーゲンに到着した。

デンマークのコペンハーゲンに二泊三日滞在した。コペンハーゲンの町に有名なチボリの公園があり、丁度夏でもあり大変賑わっていた。当時の日本には無かったジェットコースターの人気は大変なものだった。乗車希望者がいつも３００m位列を作っていた。

又北欧独特の開放的社会にも驚いたが、中でもデンマークは最高であった。若者達は十八歳になると親より独立する。殆どの若者がアパートを借り独立の生活をする。農家の子供でも親戚などで働き給料を貰う。（親子でも給料を支払うと云う）反面、老後の社会福祉も完備している。

翌日はデンマークの海岸線をバスで一周し、有名なハムレットの城、人魚の像等を見学した。

翌朝、デンマークから飛行機で英国へ（ロンドン一泊二日）行き、市内観光でタワーブリッジ（ロンドン塔）の世界一大きいルビーを見学、バッキンガム宮殿の衛兵の交代風景、その他大英博物館等を見学した。テームズ川の川下りなどをして英国はロンドンのみで、早々に引き上げ、次の訪問国オランダに向け出発した。

アムステルダムの中央ステーションが東京駅とそっくりで「東京駅とそっくりですね」と云うと、東京駅はこの駅を真似て作ったとのこと。同駅は前に運河があり、仕方なく細長い駅舎を作ったが、これをそのまま真似たので東京駅も大変不便なんだとのことである。

ドイツ人の対日感情は大変良いが、反対にオランダ人は日本のため植民地が独立してしまったことで、大変対日感情は悪い。町を歩いているとマレーシア人の青年が近づいて来て「日本人ですか?」と聞くので、そうだと云うと「私は日本語を勉強していますので私の日本語を聞いてください」と云う。彼らはマレーシアの国でオランダに留学させて貰っており、第二外国語で日本語を選択しているとのこと。話していると急に居なくなり、暫くするとひょっこり戻ってくる。どうしたのかと聞くと知人がいたので日本人と話している所を見られると困ることがあるとのこと。英国も対日感情はあまり良くなかったが、オランダ程ではない。但し食べ物は野菜も豊富でバター、チーズ等も多く食生活は非常に良い。

オランダの次はフランスのパリである。パリでは水泳のエキジビション大会も予定されており、パリには四泊五日位の日程であった。初日にパリの市長主催の晩餐会が催され、大変歓待された。

ホテルも「ホテルディエナ」、シャンゼリゼ通りの一本隣り、凱旋門まで５００m位の所で大変格式のあるホテルで、戦前の日本人は将軍（少将以上）でなければ泊めて貰えない所であった。最初の晩餐会はシャンパンの乾杯から始まったが、初めてのシャンパンは苦くて美味しくなかった。

二日目は、ルーブル博物館の見学、森林公園の見学、エッフェル塔、凱旋門、ノートルダム寺院、モンマルトルの丘（画家が集まる所）等、盛り沢山の見学をした。夜はフランスチームとのエキジビション大会があったが、さすがに記録は低調であった。又オペラハウスでショーを見学、翌日はベルサイユ宮殿の見学に出かけた。

ある晩本部の役員の方に誘われ、夕食後シャンゼリゼ通りの高級クラブに案内された。メンバーは古橋さん、西野さん、西さん、浅野、田中の五名だったと思うが、十五名～二十名も入ると一杯になる店で、舞台には五名位のいずれも選りすぐりの美女が、バイオリン、ギター、サックス等楽器を演奏し、一人が歌う。次々と人が入れ代わり歌う。歌い終わった人は適当な楽器を演奏する。まさに夢の世界のようであった。

帰りは古橋さん、浅野、私の三名でぶらぶら歩いて帰ったが、どうやら道を間違えたと見えどうしてもホテルに辿り着けない。パトロール中のお巡りさんに「ホテルディエナ」はどちらかと聞くと、案内してやるとのこと。一緒に歩いていたが、古橋さんは大変愉快な方で、早速お巡りさんに「ユウノウ、ジャパニーズ、ジュウジュツ？」と云うと「イエス、イエス」と返ってきた。

すかさず「アイアム、ジュウジュツ3」一人で背負い投げの格好をすると、お巡りさん飛び上がり、棍棒を取り出しこれでもか？と棍棒を振り上げる。パッと棍棒を叩き落す格好をし、再び背負い投げを打つ格好をすると、今度は10m位後ずさりをし、木の幹に隠れピストルを構えこれでもか？と構える。

「ノーノー」と手を振ると、やっと安心して戻って来たが、足がガタガタ震えているのには驚いた。古橋さんは身長180cm、体重二十四貫（100kg）の鍛えられた巨体であり、お巡りさんもビックリしたであろう。そのうちにホテルに到着、お礼を述べて別れた。その頃より日本の柔道はかなり知られていた。

パリのホテルでも失敗があった。女子選手がバスにツインルームの二人で一緒に入り、湯船の外でジャンジャンお湯をかけて洗っていた。溢れた湯がカーペットを伝い、下の部屋へポツポツ水漏れが始まった。下の部屋は勿論外国人客で、フロントにクレームがついた。ボーイが上の階に入ってみると、先ほどの二人はバスの中でキャーキャー云いながら、遊んでいた。幹部の方は平謝りに謝って、チップを相当弾んだようである。

話は違うが、私は普通の人より皮膚が弱く、今中で水泳部に入ると一ヶ月もしないうちにインキンタムシになり、水泳をやっている間苦しまされた。オリンピックには薬を用意して行かなかった。パリに来た頃にはお尻一面、足も相当酷くなった。薬局に行っても言葉が上手く通じないので、汚い足を出して説明したがやはり通じない。結局60日間放りぱなしにしていたので、帰国してからも大変なことになった。

パリより先は南仏のニースに到着した。ニースは地中海沿岸の町で、パリとは全く趣きが違いハワイのワイキキの海岸を広くしたような町で、海岸線は6㎞も続き、遠浅で白い砂浜と海岸線に沿ってメイン道路があり、南国の椰子や蘇鉄の木が茂り、立派な店やホテルがずらりと並び、明るい立派な町である。ニースでも夜、水泳のエキジビション大会が開催された。

翌朝は折角だからニースの海で海水浴を楽しむことになった。生憎波が高く、男子は遊泳を許可されたが、女性は遊泳禁止となっている。「二度と機会はないし何とか泳がせて欲しい、泳ぎなら男性に負けません」と云うと、係員も「ああ昨日の日本の水泳チームの皆様ですね、どうぞ泳いで下さい」と恐縮された。

海岸は柵が立てられ、その柵より長いロープがついている。たしかに波が大きく、普通に歩いて水から上がろうとすると、後ろから大きい波が押し寄せて来てそのまま波もろとも海の中に巻き込まれる。波が押し寄せてくる時は、ロープにしっかり掴まり、波が去った後次の波が来る迄の間に、急いで岸に上がらないと、いつまでも上がれない状態になる。

翌日はマルセイユに行き、アレックスジャーニィ（自由形短距離で仏の第一人者）の家を訪ねた。彼の家はレストランや記念品の販売等を経営しており、店には水泳で獲得したメダルや賞状が沢山飾られていた（日本ならばアマチュア規定に抵触するであろう)。

マルセイユは外人部隊で有名な所なので、夜の外出は特に気を付けるよう注意された。マルセイユから逆に引き返し、フランスとイタリーの国境にあるモナコ(モンテカルロ)を訪問し地中海沿岸は全て列車で移動した。

モナコの当時の人口は約二万人、王様が居て、ルーレットを中心とした賭博を国で運営し、国民は無税である。生活も保障されており、仕事は何らかの仕事があてがわれる。掃除係、特に変わったものは死体片付け人の仕事もある。賭博で一攫千金を夢見てやって来るが、全財産をすってしまい自殺する人が後を絶たないとのこと。またこの辺は大変断崖絶壁が多く、飛び込むには格好の場所が多い。

町中大変綺麗である。男子は二十歳以上でなければカジノのルーレット場には入場出来ない。私達十九歳以下と女子チームは、水族館の見学だと云われたが、折角モンテカルロへ来てカジノの中に入れないでは残念だ、何とかカジノ組にしてくれとねだり、カジノの会場に入りささやかにルーレットに挑戦した。

ここで水泳チームはスイス組とイタリー組の二班に分れ、スイス組は日大を中心としたチーム、イタリー組は早大を中心としたチームとなり、私たちはイタリー行きとなった。

ヨーロッパを回っていても食事は相変わらず殆どの所で食べられない。日本料理店等は当時何処にも無く、反面中華料理は小さい町でもあったので、極力中華料理店に連れて行って貰った。それも最後に出てくるチャーハンのみがお目当てであるが、このチャーハンもイタリー米でパサパサして美味しくない。日本の大使館、領事館も面倒を見てくれ、ストックホルム、パリの大使館、デンマークの領事館で招待され、日本のお鮨をたらふく食べさせて貰った。

モナコからイタリーのジェノバに向かう汽車の中で、昼食にマカロニを食べたが、結構美味しく食べられた。ジェノバではコロンブスの生家等を見学したが、特に印象に残るものは殆どない。欧州は寺院以外は高いビルもないが、（当時はすべて四～五階）ジェノバには二十階建てのビルが一つあるのが目を引いた。

次はローマである。ローマはさすがに立派な町で古代ローマをそのまま残し、新しい建物は一切ない。古代、中世、近世、現代と町が段々移動している。古代コロシアム、カラカラ浴場、古代競技場、古代凱旋門等を見学し、バチカン法王（ローマの中に別の国として独立）の威容も立派であった。ラファエルの巨大なモザイクの壁画、ミケランジェロの伝説等記憶に新しい。市内にも映画の「昼下がりの情事」で有名な噴水等見るべき所も多い。

ローマの次はナポリ。ナポリでもエキジビション大会を開催。大会の後で何を食べたいか聞かれ、スパゲッティが食べたいと云うと、自国自慢のスパゲッティを所望され光栄だと言う。その代わり量を沢山頼みますと云ったものだから大量に持って来た。恐らく一人当たり五人前はあったと思われるが、大皿に何杯も食べ全部平らげたのには先方も驚いてしまった。この時ばかりは匂いも気にならず美味しかった。

翌日ナポリより近くのポンペイの遺跡を見学した。ポンペイの遺跡は二千年前にベスビアス火山の噴火で町全体が溶岩でスッポリ埋もれ、掘り起こされた町で人間にも溶岩がそっくりついたまま残っているもの、特に風呂等で溶岩に包まれたままの人間が横たわっている。

当時既に上水道が完備、貨幣の鋳造、更に遊郭等もあり、遊郭の入口には「健康は富に勝る」と天秤の一方は黄金、もう一方は男のシンボルで黄金の方が軽く上に上がっている。文化の発展の高さを思い知らされた。

駆け足で欧州一巡の旅を終え、ローマより帰国の途に着いた。帰りはローマから一路ベイルートを飛ばし、インドのカルカッタで初めて給油、タイのバンコクで一泊、沖縄を経由し二日間で羽田に到着した。帰りは地球の自転と反対に回るので、一日が大変早い。

六十日間も欧州を回っていたせいか、羽田に着いて出迎えてくれた人を見ると、何か顔が扁平で三等国にやって来た感が強かった。六十日間に及ぶ欧州旅行、楽しかるべき旅行であったがオリンピックのレースに出場出来なかったことで、何一つ楽しいこともなく気分の重い旅であった。

いっそこのまま日本には帰りたくない心境であった。

（3）栃木国体

帰国すると学生で一番重要なインターカレッジの合宿に皆入っている。休む暇も無く合宿に合流したが、後半の一ヶ月は殆ど泳いでなくすっかり調子が狂ってしまっていた。一生懸命調整し、何とか調子が戻って来たところでインカレが始まった。昨年は古橋、橋爪の抜けた日大に対し、早大が優勝を奪還し2年目である。

予想は早大やや有利、特に自由形、中、長距離、平泳ぎは充実していた。私は平泳ぎ100m優勝、200mでは又も長沢さんに不覚を取ったが、2位でまずまずの責任を果たすことが出来、総得点でも大差をつけて日大に勝つことが出来た。

この後一週間後に宇都宮の国体がある。実はオリンピック最終予選で9コースを泳ぎ、8位となった古川君（藤家は失格）は和歌山県橋本高校の二年生であったが、その後めきめき調子を伸ばし、我々がヨーロッパを外遊している間に、国内のインターハイで2分34秒6のオリンピック優勝者デービス（オーストラリア）と同タイムを出してしまった。当時国体の最終日は学生、社会人、高校の三部対抗がメインイベントになっていた。インターカレッジの時平泳ぎコーチの小池さんより、平泳ぎの大学生は四人もオリンピックに行き、国体で古川に負けたら承知しないぞ！田中君、君が古川に対戦して貰うから、十分練習しておくようにと補欠の私にお鉢が回って来た。これが古川との一騎打ちの始まりである。

古川は2分34秒6、自分はベスト記録が2分37秒4である。3秒の差は大きい。何はともあれ最初から身体一つ以上は離されないようにくっついて行き、最後の50ｍで勝負しようという作戦を立てた。コースは古川が5コース私は4コースで、スタートから古川の腰の辺りにピッタリとくっついて150ｍ迄行ったが、あまり苦しくもなくついて行けた。勝負とばかり150ｍをターン、一気にスピードを上げると古川は遅れて行くのがはっきり判った。

しめたとばかり最後は無我夢中で頑張りゴールに飛び込んだ。2ｍ余りの差をつけて完勝した。私の記録は2分37秒、古川は2分39秒と私の駆け引きに敗れたようであった。何とか責任を果たし、余勢を駆って100ｍも私が優勝し、100、200ｍとも古川を押さえることが出来た。

（4）潜水泳法の開発

この国体を最後に蛙足のバタフライは泳ぐ人が無くなった。

ヘルシンキのオリンピックは前述の通り、平泳ぎはオーソドックスの平泳ぎとバタフライ（蛙足）が同時に泳いだ（但しどちらかに統一、両方の泳ぎをすると失格となる）バタフライをやっいている国は米国、オーストラリア、日本、西ドイツなど五～六カ国であったが、オリンピックの決勝に残ったのは全員バタフライであった。大会終了後このままでは、昔からのオーソドックスな平泳ぎは消滅する、今後どうするか問題となり、圧倒的多数で次回のメルボルンよりはオリンピックの平泳ぎはオーソドックスな平泳ぎに統一され、バタフライはオリンピック種目から外れることに決定した。

日本水泳連盟では平泳ぎは昔から鶴田、葉室、小池さん等を輩出し、日本のお家芸である。翌年の昭和二十八年度（１９５３年度）よりバタフライを競泳種目から廃止した。日本の主力選手は大半がバタフライに転向しており、また長沢さんのようにクロールより転向している人も何人かいた。

私は平泳ぎ出身であるが、平泳ぎのベストタイムは2分56秒位であり、とても第一線で通用しない。たまたまバタフライでスタートの時や最後に手が抜けなくなると、よく潜った。腕っ節は相当強く潜水を取り入れれば、何とかなるであろう。潜り始めは最後に潜った要領で、浮かぶ時はスタートやターニングで水上に出る時の要領を組み合わせれば、やれるだろうとメドを立てた。

ところで潜水をやるには肺活量が大きくなくてはならず、私は水泳選手としてはあまり大きくなく当時5，200cc位、橋爪さんは8，000cc、古川も6，500cc位ある。早速肺活量を大きくする為、シーズンオフであったが、通学の西武電車で東伏見―高田馬場（駅の数で十三）まで電車の隅っこに立ち、電車が止まっている間は二～三回呼吸をし、電車が走り出すと呼吸を止めた。

下落合―高田馬場間は2分～2分30秒もかかり、息切れすることも何度かあったが、この訓練は　四年のインターカレッジが終わる迄確実に実行し、肺活量も5，800cc迄増大した。

翌年（昭和二十八年）春休みに早大水泳部は野沢の蓼科（親湯温泉）でシーズン前

の合宿をした。そこで早速頭の中で描いていた潜水泳法にトライした。思ったよりもスムースに泳げた。これなら行ける。これしかないと心に決めた。

ただ１００ｍなら良いが、２００ｍ特に50ｍプールでは一呼吸、二掻きでは呼吸が続かないことも予想出来、一回一回呼吸することが必要であろう。但しこの方法も手を下まで掻き切って、胸の所迄手を戻せば呼吸はスムースに出来る。

但し抵抗が大きいためスピードがガタッと止まるのが問題である。後はしっかり慣れることで一生懸命新しい泳ぎに挑戦した。一週間の野沢温泉の合宿は大きい収穫があった。四月も十日を過ぎるといよいよ東伏見のプールで練習が始まった。水は冷たく十三度位で、冷たいと云うより身体中針が刺さって来るように痛い。泳いでは風呂で温まりまた泳いだ。

私が変な泳ぎを始めたと云うことで、水泳連盟の中でも話題となり、五月のある日葉室さん、小池さん達の水練関係者が東伏見のプールにやって来て、どんな泳ぎかやってみろと云うので、色々やれる方法で泳いで見せた。２ストローク一呼吸の泳ぎは、これでは呼吸が先に参ってしまい賛成できない。１ストローク毎呼吸する方法は自分なりに考えた田中式新泳法と信じていたが、昔（戦前）フィリッピンのイルデホンゾという選手が同様の泳ぎをしていたが、大成しなかったとのこと。呼吸の時大きくブレーキになり、良い泳ぎとは云えないと水練関係者から評価は得られなかった。オーソドックスな泳法は一気に上達するものではなく、一流になるまでには年数がかかる。今更オーソドックスな平泳ぎをやっても間に合わない。自分はこの泳法にかけよう！だめなら水球のゴールキーパーでもやろうと腹を固めた。

早慶戦（六月第一日曜）を前にして順調に泳ぎのペースも掴み、五月下旬には2分45〜6秒で泳げるようになり、国内では断トツの記録であった。

東京放送に飯田さん（前年度キャプテン）が就職、私の泳ぎに注目して来た。ところがシーズン初めで特に東伏見の水は冷たく、試合前十日頃の一番重要な時練習中肩の肉離れを起こしてしまい、一時は練習も全く出来ない状態であった。早慶戦の前夜はグッスリと熟睡出来目覚めも良かった。正規の試合でこんなに熟睡出来たのは初めてである。体調も悪くない。何とかやれそうだぞと期待を持ってスタートした。

場所は神宮プール、距離２００ｍ、平泳ぎが復活した最初のレースで早大は私の他中沢2分55秒、慶応には清水と云う比較的強い選手がいた。どうも水に乗って来ないまま、清水選手と競り合っていることが判りながらどうにもならない。もどかしいレースであった。

結局清水が2分52秒4で一着、同タイムで私が二着となった。練習タイムより6〜7秒悪い記録である。

飯田さんがお前は2分45〜6秒で優勝するであろうから優勝インタビューを計画していたのに、仕様のない奴だとお叱りを受けた。

このレースで自分は試合の前日は眠れない程調子が良いのだと思い込み、事実実績もその通りとなった（現在ゴルフでも同様である）。

その年はオリンピックの翌年でもあり大きい大会はなく、一年生の時は入学するやオリンピックの最終予選に備え、練習で一学期は殆ど学校に出られなかった。その為ドイツ語の単位を一科目落としてしまった。英語と第二外国語は必修科目で一年でも落とすと卒業出来なくなる。

二年の一学期は一年のやり直し、夏期講習で単位を取ると二学期より二年に繰り上がり、出席は一学期分が充当出来ることになっており、苦労の末ドイツ語の単位を習得出来た（石関先生）。

この様にして全日本選手権（八月初旬）の練習は通学の為、充分な練習が出来ず、試合期間中も調子を合わすことが出来ず、２００ｍは梶川にやられ2位（梶川２分45秒6、田中2分46秒）、１００ｍは板井（日大）1分15秒で1位、2位梶川、3位田中となった。

日本選手権の一週間後（ドイツ語の授業も終わり）大阪の扇町プールで各国の選手を招待し国際大会が行われ、この時は調子も昇り調子となり、１００ｍ、２００ｍ共に優勝出来、大阪の造幣局で造った金メダルを二個獲得した。（純銀に金メッキ）記録は２００ｍ2分44秒、１００ｍ1分13秒。九月のインターカレッジは、何としても１００ｍ、２００ｍ共優勝しなければならない。長沢さん、水貝さん共平泳ぎは苦手である。私に責任がズシッとかかって来た。有り難いことに真夏はあまり調子が良くないが、秋には毎年調子が上がった。

私たちが二年の時は新人に山下（中、長距離、自）、梶浦（背泳）、中澤（平泳ぎ）が加わり有力選手は全て残っていたので、早大水泳部の歴史の中で最高の黄金期であった。自由形８００ｍ、４００ｍは1～4位迄を独占（一校一種目四名迄）、４００ｍは早大より六名出場出来れば1～6位迄独占出来たと思う。

私は調子が良く頑張り１００ｍ、２００ｍ共完勝出来た。２００ｍ２分42秒８、１００ｍ１分12秒４、大会は日大に大差をつけて圧勝した。

この時の２００ｍと１００ｍのタイムは、戦後の日本最高記録であり、（戦前は葉室さんが２００ｍ２分40秒４、１００ｍ１分12秒０）この年（１９５３年）の世界ランキング1位（２００ｍはソ連ミナキシンと同タイム）となった。これまで私の泳ぎに関心を持たなかった連中が、これは大変だとばかり、翌年より「潜れ、潜れ」と色々な方法で潜水泳法が始まった。

（5）第二回アジア大会

明けて翌二十二年（１９５４年）は第二回アジア大会があり、第一回大会は四年前にインドのニューデリーであったが、日本は戦争中に国際水連から除名されていたため参加出来なかったので、今回初めて参加することになった。

大会は五月である為、最終予選は四月の初め、東大の室内プールで開催された。当時冬季は水中での練習は出来ず、三月中旬より野沢温泉に合宿した。（十日間）まだスキー客が殆どで気温は低く、観光ホテルの50ｍプールは屋外で霙交じりの真冬の状態、平泳ぎで呼吸の時顔を上げると、容赦なく霙交じりの雨が顔に叩きつけ、痛くて仕方がない。最終予選は近づいているが、この状態では十分な練習も出来ず記録は伸びない。50ｍのプールではあるが、２００ｍで遂に2分50秒を切ることが出来なかった。反面、日大は南国の別府温泉で合宿を張り、一年生に入学した古川は、新聞記者の話では世界記録（2分37秒6、デンマーク、グライエ）を軽く破っているとのことである。これは大変だ、どうもがいても野沢では2分50秒を一度も切れない。

4月10日東京大学室内プールで最終予選会は始まった。古川との二度目の対決である。初日古川はいきなり2分35秒4の世界新記録を出してしまった。成る程！でも私自身あまり驚かない。とにかく別の組で予選を死に物狂いで頑張り2分39秒台の記録を出した。勿論自己新記録である。

準決勝でも古川は2分36秒4の世界新記録で泳ぎ、私も更に頑張り2分38秒台を出した。いよいよ決勝で3、4コースで古川との対決となった。

古川の予選のラップタイムは100mで1分12秒台で入っており、これについて行くと後半が持たない。かと云って前半であまり離されると、そのまま調子に乗せてしまっては困る。どんなことがあっても身体二つ以上離されないよう作戦を立てた。反対に古川は前半で大きく離しそのまま逃げ切る作戦に出た。決勝で古川は、大変な飛び出しで、私も身体二つ迄の間隔をとるのが精一杯であった。

古川の100mのラップタイムは1分11秒0、私は1分14秒、それでも不思議と負ける気はしなかった。一昨年宇都宮の国体での対決（バタフライ）が大きい自信となっていた。

１５０ｍを過ぎ１７５ｍ最後のターンで古川の腰の所まで詰まって来た。これははじめたと最後のターンのキックにも力が入り、最後の10ｍは潜水で古川には逆に大きく差をつけゴールインした。

私は2分37秒６（世界タイ記録）古川は2分39秒と完全に前半のオーバーペースが命取りとなった。私の水泳歴の中で、最も充実会心のレースであった。結局アジア大会の平泳ぎは私と古川の他、日大の戸上君の三名となった。

マニラへ出発迄十日間位、東大前の大栄館に合宿し、東大の室内プールで練習した。今回は毎日古川と一緒の練習であり、自分は試合になれば2秒は速くなる。古川の足の所にくっついて泳いでいれば、試合になれば負けないと云う気持から、古川には練習で勝てなかったが、腰の辺りにくっついて泳げたので、非常に楽な気持で練習出来た。

オリンピックの時同様ブレザー作り等短期間に慌しく準備され、四月二十九日岸体育館（御茶ノ水）に全デレゲイションが集まり団結式が行われた。高松宮ご夫妻も出席された。今回のユニホームは白のブレザーにカンカン帽子であった。

今回は日航のチャーター機でマニラに向かった。途中沖縄で給油のため寄航し、夜の九時くらいにマニラ空港に到着した。空港を出ると二台のバスに分乗して宿舎に向かったが、二十台くらいの武装警官によるオートバイでサイレンを鳴らし、物々しい警戒で護送された。

出発前にフィリピンの対日感情は大変悪いので、十分気をつけるよう注意を受けていたが、夜も十時近いと云うのに沿道はびっしり住民が並び、口々にドロボー、人殺し、バカヤローと叫び、中にはバス目がけ足蹴りしたり、ツバを吐きかける人も多数いた。特に小さい子供迄が大人に教えられたとみえ、ドロボー、人殺し、と罵声を上げているのには驚いた。これは一人歩きなど絶対に出来ないと云う気持になった。

フィリピンは女尊男卑の激しい国で、女子はマニラホテル、男子はマニラ大学の寄宿舎で、我々の宿舎は天井を白いヤモリが這っており、寝ていると顔に落ちてくることもしばしばであった。

マニラは五月が年間で最も暑い期間で六月より雨期に入る。翌日早速プール（ラサールプール）に出掛けた。何しろ気温三十六度水温三十四度とお風呂のようである。うす寒い日本よりやって来て、とにかく身体を早く慣らさなくてはならず、軽く泳げとコーチの指示があり、準備体操をして一斉にプールに飛び込んだ。何か様子がおかしい。身体が苦しい。25ｍで立ち止まり、ハァハァやっていると、全員私と同様ハァハァやっている。ひとまずプールから上がった。試合までは三日間しかない。ドクターに伺っても何とも云えないが、二〜三日経てば身体が慣れるでしょうと曖昧な返事しか返って来ない。役員より大会役員に申し入れ5ｔの氷をプールに入れて貰ったが、殆ど効果はない。翌日はゆっくりならば泳げたが、とてもスピードを上げることが出来ず、結局大会が始まるまで記録は取れず終いであった。

開会初日200ｍ平泳ぎの予選があり、私は一組にエントリーされていた。とにかく、予選が記録会と思いどの位で泳げるか一生懸命頑張ってみろと小池コーチからも指示があり、スタートより精一杯頑張った。150ｍをターンした頃よりスタンドが大歓声となった。記録的には日本以外の選手は15秒位遅い筈であるが、自分の記録も悪く地元フィリピンの選手と接戦をしているのだろうと思い、周囲の様子も判らないまま無我夢中ででゴールした。一緒にゴールした者もなく、スタンドの歓声も一向に治まらない。後ろを振り返ると、残り5m位の所をフィリピンの選手とシンガポールの選手で大接戦をしており、初めから私は無視されていたのだと云うことが判った。記録は2分42秒4とまずまずの記録である。二組で古川も良く頑張り2分42秒5と私とほぼ同タイムである。

翌日は決勝である。勿論古川5コース、私が4コース、3コースが戸上である。アジア大会であるが、この年の平泳ぎでは私と古川の二人が世界の第一人者であり、世界記録保持者のグライエ（デンマーク）も問題ではなく、いわば世界一を決める大会であった。

ラサールプールは水があまり綺麗ではなく、飛び込みプールと併用で25mを過ぎると深くなり（5m）隣の人の泳ぎが見えにくい。決勝ではスタートするや殆ど隣コースも相手が判らないまま、遮二無二頑張りゴールした。一着は私で2分41秒9、2着は古川2分42秒0、と僅か0.1秒の差であるが、気持の点ではかなり楽に優勝出来た。戸上も2分48秒6で3着に入り、日本以外では2分56秒で4位であった。金、銀、銅を日本は確保し、地元の新聞にも大きく写真入で掲載された。

結局日本チームの男子は浅野君が400m自由形でサイラニー（フィリピン）に負け4位となったが、それ以外全員1、2、3位を独占した。なお私の200m平泳ぎの優勝は中国の北京大会で十回を数えるが、その後、早大の渡辺健司が優勝し、この種目のみが日本で優勝を続けていた。残念ながら十一回目の広島大会では、林、小嶋両君とも中国選手に破れ、連続優勝記録はなくなった。

入国の時はあれ程厳しい罵声を浴びたが、大会が始まり陸上でも水泳でも日本選手が大活躍し、接してみればドロボーでも人殺しでもない。たちまち子供達が歓迎してくれ、こうなると大人も子供も「バカヤロー」「人殺し」が万歳、万歳に変わった。帰国の時はどこで手に入れたのか、日の丸の小旗を作り、これを振って万歳、万歳で見送ってくれた。スポーツがいかに友好親善に役立つかが判る。但し山下勝次君のみは山下将軍の親戚だろうと云うことで、最後まで嫌われた。

アジア大会で一応金メダルを獲得し、ヘルシンキの雪辱を果たすことが出来た。

（6）ハワイ招待予選会

帰国後一ヶ月、六月の後半にハワイより招待を受け、予選会が開かれた。自由形100、400、1500、平泳ぎ200、背泳100mの優勝者が招待されることになった。会場は勿論神宮プール、私はアジア大会の優勝でゆとりを持ち、古川選手には絶対負けないと、心のどこかに油断があった。反対に古川はこの試合で田中に負けるようなことがあれば、バタフライへ転向（この年の夏より米国の強引な押しでオリンピックに復活）を真剣に考え、背水の陣で挑戦していた。

この大会は絶対勝てると思い、予選も少し流して泳いだ為、コースは2コースとなった。古川はメインコースの5コース。決勝でスタートし100m迄は古川をマークしながら泳いだが、100mを過ぎると横の間隔が開いていることと、平泳ぎの顔は正面を見ていないと失格になる為、間隔が開いた人を見ながら泳ぐのは見づらい。ましてや天下分け目のレースとなると後半は殆ど見えなくなり慌てた。とにかく最後迄死に物狂いで頑張りゴールした。5コースを見ると向こうもこっちを見ている。負けたと云う直感が走った。

記録の発表、1着古川2分41秒0、2着田中2分41秒0、同タイムであるが2着となった。当時は現在の様にタッチ盤は無く、7名の決勝審判の数で決められていた。古川四名、田中三名であったと云う。当時同タイムの場合は逃げ切りの勝ちとされていた。後日ニュース映画で見たがタッチの差ではあるが、完全に私の負けであった。

このタッチの差で折角のハワイ招待がフイになった他、古川に決定的な自信を持たせてしまった。古川に初めて負けたショックが大きく、八月の日本選手権は散々な成績に終わった。国許のお袋より早速しっかりしろと手紙が来た。このまま古川に負けては男が立たん。九月のインターカレッジ（学生選手権）では必ず古川に勝つことを心に誓った。古川は予選より飛ばすタイプであり、殆どセンターコースを取ることは判っており、ハワイの招待レースの時のようにコースの間隔が開くことはまずい。必ず隣りのコースを泳ぐ為には、準決勝で1位か2位にならなければならない。古川が1位で5コース、田中2位で4コース、胡麻鶴（中大）3位で6コースとなった。とにかく古川を何としても負かさなければならない。古川にさえ勝てれば優勝は間違いないと思い、スタートより徹底して古川をマークした。古川には何とか勝つことが出来た。

田中2分40秒4（戦前葉室さんの持つ日本記録及び長水路世界最高記録と同タイム）、古川は2分41秒5、ところが6コースの胡麻鶴選手が一呼吸2ストロークの潜水泳法で2分40秒0の日本新記録で1着であり、私は2着、古川は3着である。古川は押さえたものの後味の悪いレースとなってしまった。

（7）公式記録会（世界記録樹立）

この年の八月八日名古屋の振甫プールで行われた水上大会で、我が早大チームのメドレーリレーは長谷（背泳）田中（平泳ぎ）長沢（バタフライ）谷（自由形）のメンバーで4分23秒0の世界新記録を樹立した。しかし調べてみると、既に東欧のハンガリーチームが4分18秒1の世界記録を作っており、九月一日付けFINA（国際水泳連盟）の世界記録はハンガリーチームの記録が公認されることになる。リレー特にメドレーリレーの世界記録は過去を遡ってもナショナルチームばかりで、一大学チームで世界記録を樹立したチームはない。何とか早稲田大学チームで世界記録を公認させたいと云う希望が盛り上がった。

当時は400m以内は長水路、短水路とも同条件で区別なく公認されており、欧州の大会は殆ど25mの短水路プールで試合をしており、反面わが国の公式試合は全て50mの長水路プールであり、大きいハンディがあった。平泳ぎの場合は一度ターンをする毎に平均0.8秒速くなるとされていた。対策はあった。手続きを踏んで公式記録会をやれば、記録は公認される。早速インターカレッジと国体も終わり、本来ならばシーズンオフとなる九月十七日、都内目白の非現業共済組合プールで公式の記録会が早稲田大学選手を中心、一部中大（胡麻鶴選手）も参加して開催された。当日は水泳連盟より役員、公式記録員を始め新聞記者や多数の観客が集まった。

この大会の目標は早大チームが４００ｍメドレーリレーでハンガリーチームの４分18秒１を更新することである。私と長沢さんは２００ｍの個人レースでも世界記録が期待出来たので、ある程度練習をしてこの記録会に臨んだ。

最初の背泳は長谷君１分07秒９（短水路としては少し物足りない）第二泳者平泳ぎで私が引き継いだ。２分27秒５（１分09秒６）１００ｍの世界記録はソビエトのミナキシンの１分11秒２であり、引継ぎがあるとは云え１秒６短縮する大記録である。第三泳者はバタフライの長沢さんで３分21秒６（１分03秒５）〈世界記録はハンガリー、タンベックの１分０２秒３〉、第四泳者は自由形で谷君が56秒２で泳ぎトータル４分17秒２の世界新記録を樹立することが出来た。大きい目標は達成されたが、余勢を駆って各人個人種目を泳ぎ、長沢さんは２キックのドルヒィンキック創始者として貫禄を見せ2分21秒6と従来の西ドイツのハーバートクラインの持つ2分27秒3の世界記録を一気に5秒7も短縮する世界記録を樹立した。

200m平泳ぎでは、四月のアジア大会最終予選で東大の室内プール（25m）において古川が予選でマークした2分35秒4が9月1日付け世界記録として公認されており、この記録を突破しなければならない。メドレーリレーに全力を傾注した後、1時間位の時間しかなく、生憎当日は台風の余波の大雨の中、気温も低くコンディションは最悪であったが、折角のチャンスでもあり必死に頑張り辛うじて古川の記録を0.2秒短縮の2分35秒2の世界記録を樹立した。

さすがに最後は疲れが残り2～3mの所で大きくロスし、タッチも悪かった。200m一本に絞っていれば2分34秒台は出ていたと思う。

胡麻鶴選手は100m平泳ぎに挑戦したが、風邪気味のせいもあってか1分11秒7の日本新記録に終わった。（日本記録は葉室さんの1分12秒0〈長水路〉世界記録はソ連のミナシキンの1分11秒2、なお未公認記録で木村基選手が1分10秒6を出している）バタフライ復活について触れるが、ヘルシンキオリンピック後のミーティングで、次回メルボルン以降バタフライは廃止、平泳ぎはオーソドックスな平泳ぎのみと決定したことは既に述べたが、日本は潜水泳法を取り入れぐんぐん記録を伸ばし、この年（29年）の全日本選手権に従来の世界記録保持者デンマークのグライエ選手（2分37秒6〈短水路プール〉）を招聘したが、東京大会、名古屋、大阪大会を通じ一度も3位以内に入賞出来ず、逆に日本の潜水泳法を習って帰国した。

米国の平泳ぎは全く低調で日本とは大きく水が開いた。米国は早速提案し、オリンピック種目より禁止された筈のバタフライを二年しか経過しない二十九年夏のＩＯＣ会合で、平泳ぎ、バタフライのエントリーを両方で三名以内にすれば人員で縛られ日程上問題ないではないかと、強引に会をリードし、メルボルンオリンピックよりバタフライを復活させた。但しバタフライ、平泳ぎの両方でエントリーは三名以内と云う条件となった。なおバタフライの復活は従来の蛙足より両足を同時に叩くドルフィンキックが浮上し、1ストローク2キックのドルフィンキック泳法を長沢さんが考案し、以後この泳法が主流となった。

この様にして私にとって大学三年のシーズンはアジア大会優勝、世界記録樹立等、最も充実した水泳成績を残した年であった。

世界記録を出したと云うことでミヤコ映画社が短編のスポーツ映画を作ることになった。題名は「記録への力泳」で、私の潜水泳法、長沢さんの2キックのドルフィン、長谷君の背泳と三名が選ばれた。

映画の内容は最初「フジヤマの飛魚」の異名を取った古橋、橋爪、浜口選手の力泳、三十年度の日米対抗のハイライトに続き、私の潜水泳法、椿山荘の池で蛙の泳ぎに私の泳ぎをダブらせ、潜水泳法の解析、長谷君のスマートで無駄のない背泳に続き、長沢式ドルフィンキックを解析する。

この時初めて水中撮影が行われたが、ドラム缶の一部に穴を開けガラスを張り付けたものをプールに沈め、選手はそのドラム缶目当てに泳ぎ、ドラム缶でターニングする。この映画が世界各国の水泳関係者に注目され、特に米国のキッパス監督は大変参考になったと云っている。

この映画はカンヌの映画祭にも参加し、スポーツ映画部門で一等賞を受賞した。その為日本の映画館の隅々迄上映され、現に実家のある国安村でも三芳映画館で上映され、兄がスクリーンに映し出された私を写真に撮っている。

この世界記録の樹立で二十九年度の朝日賞（朝日新聞社）を受賞、三十年一月一日の朝日新聞の一面に掲載された。

我々はアマチュアの為、記念品の盾（黒檀）のみであるが、一般の人は副賞として三十万円を貰っている。大変名誉な賞である。

尚一言自慢しておきたいことがある。大学を卒業すれば就職である。当時は大変な就職難の時代で、ただでさえも運動部で勉強が出来ない。

少しでも良い成績を取らなくてはならない。特に三年の時の成績が就職には一番重要視されることから、三年の時は比較的良い点をくれそうな授業（先生）を選択したこともあるが、水泳の練習以外は極力勉強し、外国語（英語、ドイツ語の原書による経済原論）は「良」に終わったが、それ以外の全科目全て「優」を獲得した。

(8) 最後の学生生活

翌三十年はいよいよ四年生で最後の学生生活である。日大の古橋、橋爪選手等の卒業後四年連続優勝をしている。何としても五連勝を達成して卒業したい。

キャプテンは横田君で、彼を助けて何としてもやらねばならない。私達が入学一〜二年の時は競泳の自由形だけで十四〜十五名もいて、練習も一組二組と分かれその日の練習タイムで一組の9コースで泳ぐか二組目の1コースに下がるか、該当者は毎日が真剣勝負であり記録もレベルアップした。

試合は一種目に各校四名迄出場可能であるが、平泳ぎは二名、バタフライは一名しかいなく、山下君（自由形長距離）がバタフライも兼務した。

日大は全ての種目に四名のエントリーをして来るし、ほとんどの選手が決勝に残って来る。得点方法は1位7点、2位5点、……6位1点である。

例えば一人出場し1位になっても7点、日大が2〜5位を取ると（5.4.3.2）14点と倍の得点になってしまう。

インカレが近づくと各新聞社の記者が取材にやって来て、予想の記事が出る。どの新聞社も今年は日大の圧倒的優勢を報じている。皆で全日本で負けた日大の選手を必ず1人は食って得点を増やそうと固く誓い合った。

横田キャプテンは全日本では決勝に残れなかったが、インカレは、800mでもの見事に優勝し、自ら範を示した。皆日大のトリオ（三名）や四名の選手に取り囲まれながら、善戦に次ぐ善戦で最後迄互角の勝負を展開した。

最後が800mリレー、その前が100m平泳ぎである。決勝には早大は私一人、日大は古川、吉村、板井、戸上の四選手が残っており、後は中大等である。古川は今年の三大学（明治、立教、日大六月第二週）で2分33秒4の世界記録で優勝（長水路）絶対的な力をつけて来た。古川は私の出場しないレースでは安心して泳げるので記録が出るが、私が一緒に泳ぐと又やられるのではないかと、記録もなかなか出ないとよくこぼしていた。私が高校三年の頃梶川に一種のコンプレックスを持っていたが、この様なことを古川は私に持っていたようだ。

古川の1位は揺るがない。私が2位になれば最後の800mリレーは3位になれば良い。私が3位では800mリレーは優勝しなければならない。私が4位では800mリレーで優勝しても負けとなる。瀬戸際に立たされた。

800mリレーも下馬評では3位が順当で日大1位、明治2位、3位が早大であった。何としても競泳で総合優勝するためには、私が2位を確保しなければならない。どうやら日大の戸上と中大の清池が好調である。

大きいプレッシャーの中最後の力を振り絞り頑張り、古川には僅に及ばなかったが2位を確保した。記録も1分12秒0と長水路では自己最高記録で泳いだ。

3位の吉村には身体は負けていたが、最後のタッチは確かに君が早かったと、先輩からも冷やかされた。これで800mリレーメンバーもリラックスが出来、反面日大メンバーはがっくり来る等で日大、明治をを押さえ、800mリレーも優勝し、総合得点で日大に6点の差をつけ、五連覇を飾ることが出来た。

一年よりずっと負け知らずで卒業出来大変幸運であったが、何と云っても最後の年の優勝は感慨もひとしおであった。

翌年は又四年毎のオリンピックが巡ってくる。今度は豪州のメルボルンである。前回のヘルシンキ大会では正規の２００m平泳ぎに出場出来なかったので、出来ることなら何としても再度挑戦してみたい。

本来はメルボルンオリンピックはオーソドックスの平泳ぎのみと決まっていた。平泳ぎのみで三名出場出来る筈である。それなら狙いたい。

ところが米国は平泳ぎが当時全く弱く問題にならない。前述の通りバタフライを変則な形でオリンピックに復活させてしまった。バタフライと平泳ぎ両方で三名以内のエントリーと云うことである。当然米国はバタフライ三名、平泳ぎ０名となる。日本はバタフライに長沢さんと日大の石本、平泳ぎは古川が潜水とオーソドックスな平泳ぎを組み合わせ、群を抜き安定した強さを発揮している。その他胡麻鶴も社会人（読売新聞社）とは云えオリンピックを狙っている。日大トリオも木村、吉村、大石等盛り沢山にゴロゴロしている。日本は古川が出れば平泳ぎの金メダルは不動であり、バタフライに長沢、石本の二名を選ぶだろうと予想した。

出場出来ないくらいなら一年間浪人は出来ない。特に私の水泳も峠を越え始め限界に来ている。

このようなことを判断し、オリンピックはキッパリと諦めることにした。

結局メルボルンのオリンピックは、平泳ぎ古川、吉村の二名、バタフライは石本一名が出場し、平泳ぎは古川1位、吉村2位、バタフライは石本2位であった。

八　旭電化入社経緯

さぁ就職だ。これ以上実家に迷惑はかけられない。前述の通り、当時は大変な就職難「大学は出たけれど」であったが、三十歳位迄泳ぐことを条件ならば大手の八幡製鉄、日本鋼管等が引き受けてくれるが、その間は厚生課等でウダツが上がらないことは間違いない。何としても水泳しなくても入社出来る会社を選びたい。その為にはむしろ小さい会社が良い。自分自身あまり勉強していない。私は高校生当時よりカメラに興味を持ち、かなりカメラをいじっていたので、キャノンか日本光学に入れると良いと思っていた。先輩が早速打診してくれたが、二社とも今年は大卒は一人も採用しませんと体よく断られた。

監督の志村さんより「田中君小さい会社だけど、旭電化はどうだ」と云われた。「旭電化って知りませんがどんな会社ですか?」「リスマーガリンやアデカ石鹸を造っていて大変立派な社長（経済同友会を創立した東海林武雄氏）がおられる会社だ」「リスマーガリンは知りませんがアデカ石鹸は私の実家も四国の田舎でヨロズ屋の商売をしており、売っていたので良く知っています。生活必需品を造っている会社なら心配ないでしょう。是非紹介して下さい。」志村さんは当時日本放送の局次長、旭電化の東海林社長は日本放送の社外重役であった。早速紹介して頂き受験することになった。八月後半のインカレ前の合宿中であったが、旭電化では会社の中に25mプールがあり、丁度社内の水泳大会がある。（八月二十日頃）丁度良いチャンスであり、それに来て泳いでくれないかと云っている。大事な合宿中であるが、就職も大事、是非行って来いと云われ、尾久の工場へ出掛けた。エキジビションで泳いだが25mでは4回も掻くとターンである。皆驚いてしまった。

いよいよ十月一日、受験のため再度荒川区の尾久工場を訪ねた。志村監督より旭電化の社長は坊主頭（辻常務との間違い）であり、少しでも印象を良くするために坊主頭で受験しろと云われ、仕方なく坊主頭で訪問した。事務所の二階の会議室が待合所となっている。かなりの人が詰め掛けている。

こちらは何も旭電化の内情を知らず、志村さんから「秘書の大久保さんて方がいるから訪ねて行け」と云われ、大久保さん以外どんな人がいるのか、会社の規模等一切判らない。

黙って座っていると隣に座っていた物知り風の学生が、君は坊主頭だが運動部の者だろうと声を掛けてきた。そうだと云うと、何をやっていたのかと聞くので、水泳だと云うと、あぁそうか！暫くして君は気の毒だけどこの会社には入れないよ！と云う。どうしてだと問うと、この会社は全てコネのある人が受験している。今回は五十一名が受験している。このうち事務系五名、技術系六名の十一名が採用される。君は事務系だろうから五名の枠だ。あそこに座っているだろう（井内さんを指す）。あの人は井内と云ってお父さんがこの会社の重役で面接官の一人だ。先ず決定している。又あそこにいる大きい人（永富）がいるだろう。彼は永富と云って、早大のボートのキャプテンだ。この会社の東海林社長は早大のボートの大先輩であり、彼の入社も決まっている。事務系五名のうちスポーツ関係より二名取ることは絶対無いと、明快な説明が返って来た。余程事情に詳しい奴だと思ったが、後日、入社してみるとその人は入っていなかった。

筆記試験、体力検査、面接と全て終わり、合格者は明日中に電報で連絡する、明日電報の届かない人は不採用で、その翌日位に応募書類を送り返しますので、その旨承知して欲しい。と云われ会社を後にした。

翌日の夕方になっても電報が来ない。やはり誰か云っていたが、初めから俺は駄目だったのか？取り敢えず志村さんに報告方々事情を電話で報告したが、まだ駄目になった訳ではない、もう少し待っておれ。と叱られた。結局判定に手間取り、その翌日の夕方やっと合格の電報が届いた。

以上が私の旭電化に入社するまでの経緯である。

どうも私は節目の時は大変苦労するが、第一希望を獲得できるジンクスを持つようになった。例えば、早稲田大学入学、オリンピック出場、旭電化入社等においてそうであり、社会に出てからも結構ある。

あとがき

本稿は、私の子孫に対し、このような人物がいたと云うことを伝えたい為に記するものであり、本稿より下記のようなことを汲み取って戴ければ幸いです。

① 私が水泳界で成功したのは、子供の時から鉄棒や跳び箱で**身体を鍛え、**更に**家事の手伝い**（畠仕事や松林の開墾等）で**筋力をつけ、基礎体力は桁外れ**ていたことで、これにより水泳でなくともラグビーやバスケット等でも十分通用したと思う。

② **時間は自分で作りだすもの**
中学三年～高校一年当時、家事の手伝いで、放課後や休日の練習は出来なかったが、朝授業の始まる迄、昼休み、帰りの汽車待ち時間を有効に使い、僅かの時間で効率を上げた。

③　苦しい練習も或る域を超えると義務になる

何事もある域に達する迄は努力しなければならない。(勉強、仕事、スポーツ何でも同じ)後はそんなに苦痛と考えなくなる。怠け虫を精神が追い出してくれる。(丹原高校時代雨の中一人で練習、近所の農家の人に罵られる)

④　好きこそ物の上手なれ

丹原高校時代、一人映画館のニュースを頼りにバタフライに転向、新しいアイディアはその現場で苦労して発見するもの。机上では良いアイデアは浮かばない。(バタフライへの転向、潜水泳法、電車の中での呼吸、信号での飛び出し他)

⑤　勝負に勝つ

試合では練習の最高記録が出て当たり前(水泳のスタートより幸運であった。その

積み重ねで成功。極めつけは大学三年のアジア大会最終予選会と、アジア大会決勝）

⑥　プラス指向に何でも切り替える

オリンピック最終予選会（夜眠れないことも）プラス指向に。社会に出てゴルフ等でも踏襲。

⑦　男が一度約束したことは必ず守る

高校生より大学進学の時、一度早稲田に約束したからには、明治でいくら良い条件が示されても動揺しなかった。

⑧　叱られ上手

叱る事の難しさ、叱ってくれることに感謝する。（合宿、新人係り、叱ることの難しさ。会社に入って大いに役に立つ。

⑨ 合宿生活の効果

一年違えば月とスッポン、二年違えば天地の差、三年以上は比較なし。高校生の頃迄大変わがまま、特に潔癖性で自分専用の食器しか使えない。すき焼き等食べられない。合宿のドンブリ。子供時代の水筒等。

⑩ オリンピックのエントリーに洩れて

悔しさ。人の気持ち。縁の下の力持ちの重要性。チームワーク等。

⑪ 七転び八起き

今中はカナズチから平泳ぎへ。丹原は一人池で練習。バタフライ転向。早大入学、オリンピックへ（七人中七番より）オリンピックエントリー洩れ。バタフライの泳法禁止。潜水泳法の開発。

以上

付録

＜現役時代の筆者＞

大学２年生インカレ優勝
天皇杯を持って

世界記録達成時のスタートの瞬間

＜ヘルシンキオリンピック参加＞

高輪閣にて早稲田関係者（監督・コーチ・選手一同）

＜ヘルシンキオリンピックの様子＞

第 15 回ヘルシンキオリンピック開会式

人間機関車といわれ 5000m、10000m マラソンで優勝したザトペック選手（チェコ）
大変苦しそうな顔をして走るのが特徴

水泳 400m 自由形で優勝したボァトウ選手（仏）
レースが終わっていないのに父が興奮してプールに飛び込んだ

＜アジア大会の記録＞

1954年マニラアジア大会200m平泳ぎ決勝ゴール
（手前4コースが筆者、5コースが古川）

The Mainichi　（日刊）　昭和29年4月12日　（日曜日）

スポーツ

六つの日本新出す

男子二百平 田中、古川を破る

アジア大会 水上最終予選

アジア大会水上競技予選会最終日は十一日午後一時から東大室内プール（二十五メートル）で行われた。白熱のレースの中でも男子二百メートル平泳の田中守（稲泳会）古川（日大）千五百メートルでの山下（稲泳会）青木（日大）の対戦が興味の中心となった。（気温21・6度、水温26度）決勝記録はつぎのとおり。

男子二百メートル平泳では古川（日大）田中（稲泳会）の両選手が往年の奥寺、小池の対戦をしのばせる力のこもったレースをみせ、前日世界新をつくった古川はこの日も元気に飛び出し百メートルで1分11秒7と前日よりも2秒3よく再び世界記録をつくるかと思わせたが、後半で疲れ田中の百八十メートル辺からの鋭い潜水の追泳に破れた。女子では四百メートルで三、二百メートル平泳で一、男子二百メートル平泳の二を加え、合計六つの日本新が生れた。

……で短水路世界新記録
……川選手のゴール（第一日）

アジア大会関係新聞記事

<世界記録達成>

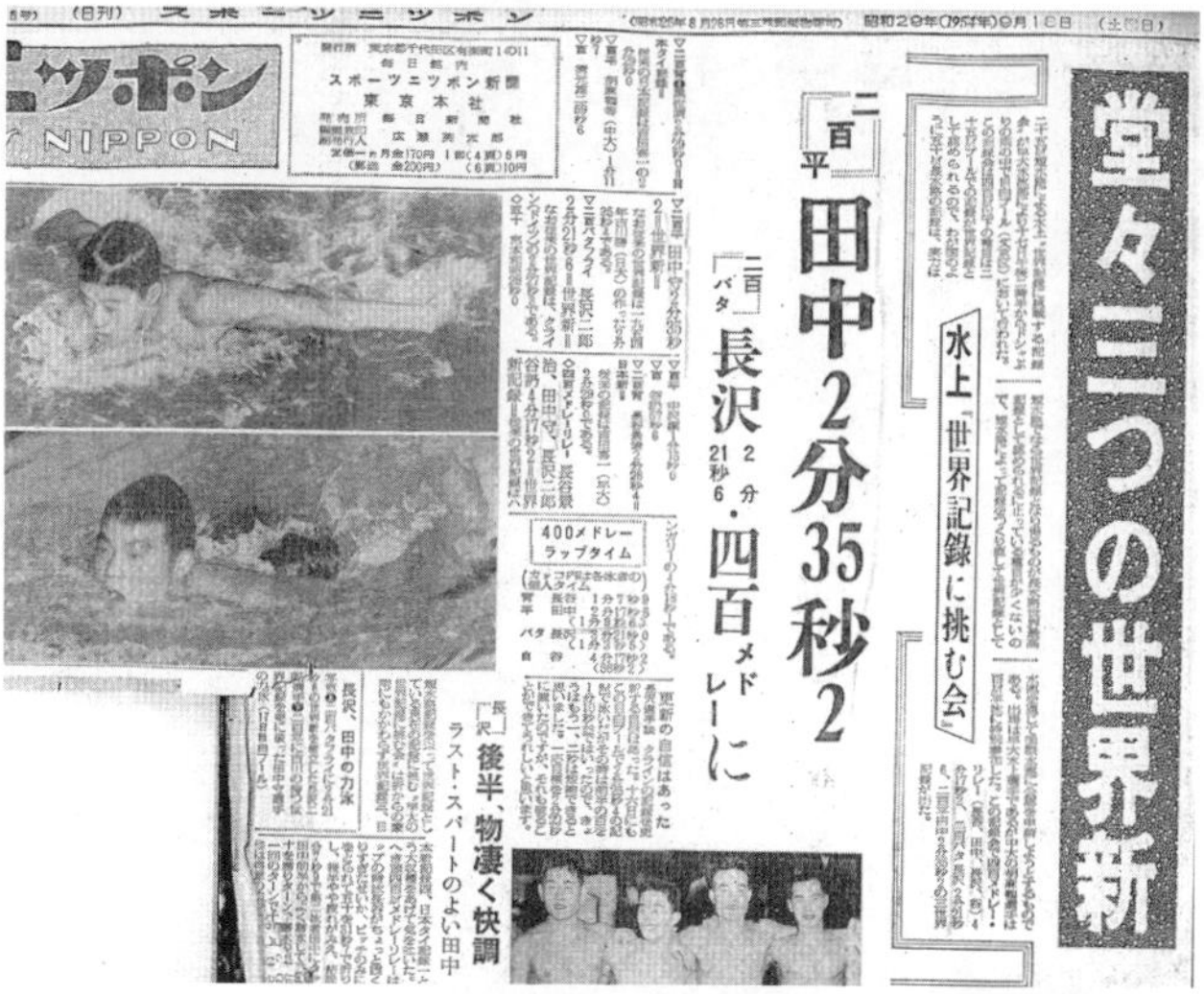

スポーツニッポン

NIPPON

堂々三つの世界新

水上「世界記録に挑む会」

二百平 田中2分35秒2

二百バタ 長沢2分21秒6・四百メドレーに

長沢 後半、物凄く快調

ラスト・スパートのよい田中

400メドレーラップタイム

当時の新聞記事

世界記録達成当日
(左から村川早大先輩、筆者、長沢、藤田早大先輩)

<男子 200m 平泳ぎ世界記録の変遷>

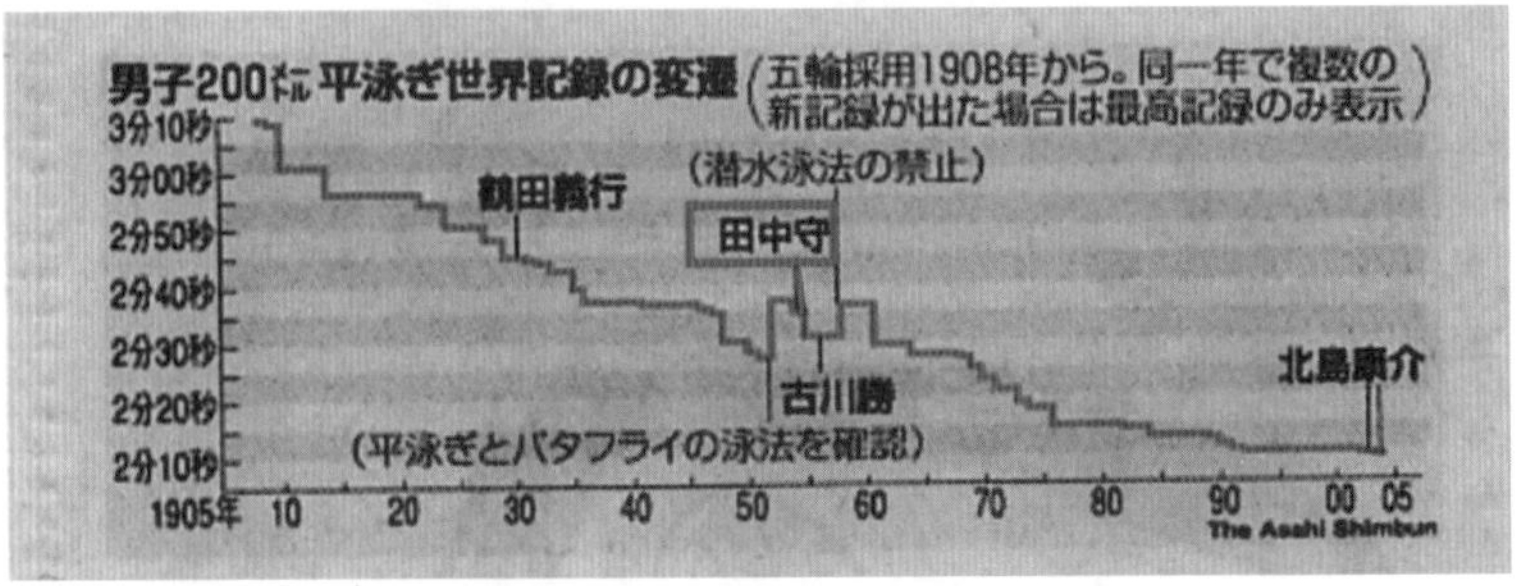

朝日新聞（平成 16 年元旦号）

1954 年度
世界記録達成者
（左から、石本【日大】
筆者、古川【日大】
長谷、谷）

1954 年度
400mメドレーリレー
世界記録早大チーム
（左から、長沢、筆者、
長谷、谷）

＜受賞メダルの一部＞

第15回ヘルシンキオリンピック大会（1952年）

銅メダル

参加賞

第2回マニラ・アジア大会（1954年）

金メダル

参加賞

日・豪・比・国際水泳大会（1953年）

200m 平泳ぎ　金メダル

100m 平泳ぎ　金メダル

<公認証等>

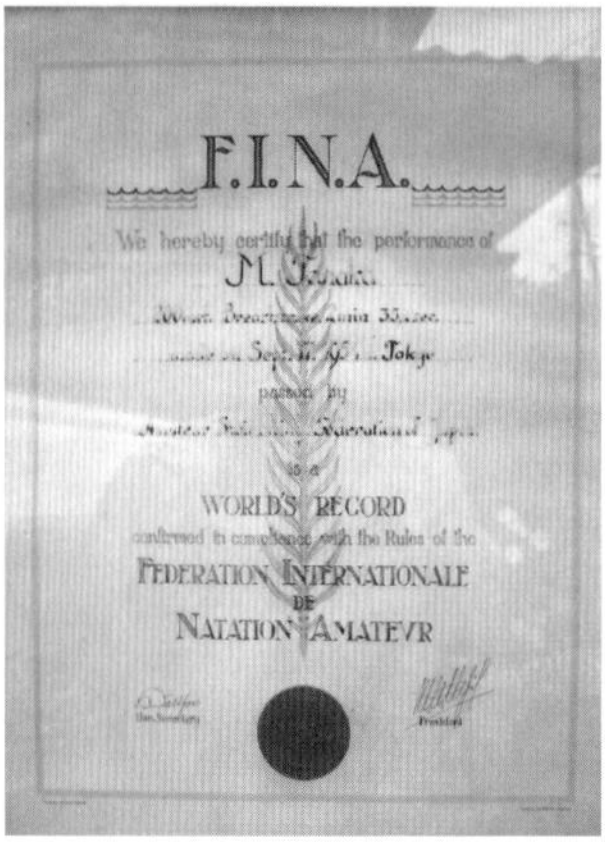

200m 平泳ぎ
世界記録公認証（1954 年）

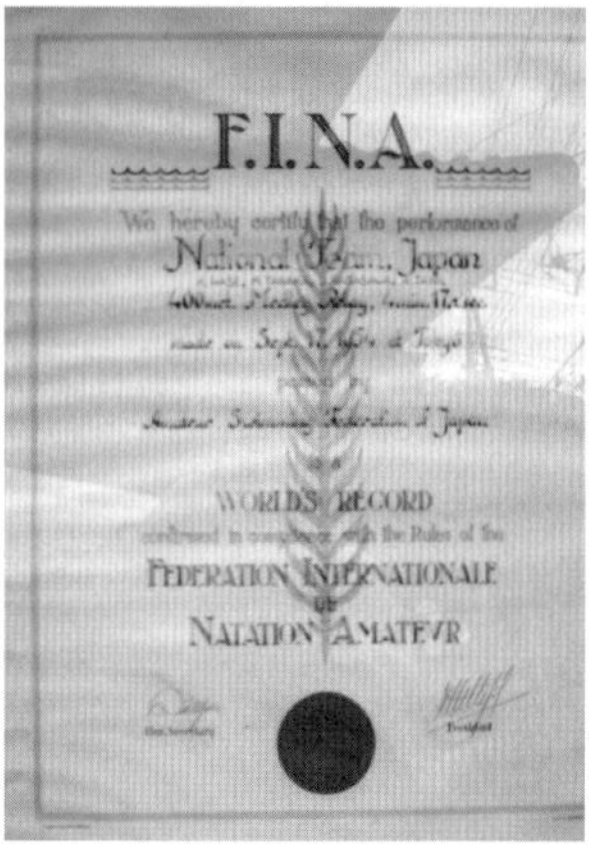

400m メドレーリレー
世界記録公認証（1954 年）

世界記録達成により
朝日賞受賞

200m 平泳ぎ

400m メドレーリレー

平成15年10月マスターズ大会
280歳以上「200mメドレーリレー」で世界記録達成
(記録2分26秒99)

国内および水連からの公認証

カナヅチが
平泳ぎオリンピアンになるまで
潜水泳法開発から世界記録達成の軌跡

2023年3月22日　第1刷

発　　　行：本体 1,500 円＋税
著　　　者：田中守
発　行　所：株式会社青月社
〒101-0032
東京都千代田区岩本町 3-2-1　共同ビル 8 階
電話 03-6679-3496　FAX 03-5833-8644
印刷・製本：ベクトル印刷株式会社

ISBN 978-4-8109-1347-7